Dans la même collection:

Aladin ou la lampe merveilleuse.

ALAIN-FOURNIER. *Le grand Meaulnes.*

APOLLINAIRE et DALIZE. *La Rome des Borgia.*

BARBEY-D'AUREVILLY, Jules. *Les diaboliques.*

BAUDELAIRE, Charles. *Les fleurs du mal.*

BOÈCE. *Consolation de la philosophie.*

BRAUN, Lucien. *Paracelse.*

BRONTË, Emily. *Les Hauts de Hurlevent.*

CASANOVA. *Histoire de ma fuite des prisons de Venise.*

CAZOTTE, Jacques. *Le diable amoureux.*

Contes merveilleux chinois.

CRÉBILLON, fils. *Lettres de la marquise de M... au comte de R...*

DAUDET, Alphonse. *Lettres de mon moulin.*

DUMAS, Alexandre. *Robin des Bois.*

ERASME. *Eloge de la folie.*

FLAUBERT, Gustave. *Mémoires d'un fou. Novembre.*

GOETHE, Johann-Wolfgang. *Les affinités électives.*

GORKI, Maxime. *Ma vie d'enfant.*

JARRY, Alfred. *Messaline. Le surmâle.*

Le Livre de Job.

MAUPASSANT, Guy de. *Le Horla et autres contes.*

MISTRAL, Frédéric. *Mémoires et récits.*

NOSTRADAMUS, Michel de. *Les oracles.*

OVIDE. *L'art d'aimer.*

PERGAUD, Louis. *La guerre des boutons.*

(Suite en fin de volume)

ÉLOGE
DE LA FOLIE

Illustration de couverture:
Hans Holbein. Portrait d'Erasme
de Rotterdam

Maquette: Thomas Gehring
Art Center. College of Design (Europe)
La Tour-de-Peilz
Concept et réalisation: Alain Babel

© 1995. Editions Slatkine, Paris-Genève.
Reproduction et traduction, même partielles, interdites.
Tous droits réservés pour tous les pays.
ISBN 2-05-101411-6

ERASME

ÉLOGE
DE LA FOLIE

Traduit du latin
par Claude Blum

Dessins
de Hans Holbein

Fleuron

INTRODUCTION

Voici l'un des textes les plus célèbres de la littérature occidentale. Rien ne laissait présager un tel destin. Erasme écrivit cet *Eloge de la folie* en une semaine à Londres, texte d'humeur médité en voyage, opuscule dans une œuvre immense. Le succès international est immédiat: l'œuvre est en latin. Paris la publie en 1511, puis Strasbourg et Anvers la même année, Bâle, le centre rayonnant de l'humanisme, deux ans plus tard. Elle sera traduite dès le XVIe siècle dans les grandes langues européennes. Depuis, ce texte n'a jamais cessé de nourrir en profondeur notre pensée et d'habiter notre imaginaire, bordé par les géniales illustrations d'Holbein. Rabelais, Cervantès, l'Arétin, Garzoni, Montaigne et Shakespeare ne se comprennent au fond que si l'on place, en contre-jour, cet étrange petit livre. Il fascina les classiques, de Pascal à La Rochefoucauld, de La Fontaine à La Bruyère. Les Encyclopédistes y virent un brûlot. Musset et Heine reconnaîtront en lui une partie de leur invention. Il signe pour Kierkegaard la naissance de la spiritualité moderne.

A première lecture, on a encore, aujourd'hui, le même sentiment qui fut celui des contemporains. Malgré les références incessantes à la mythologie et à l'Antiquité, le lecteur moderne est en terrain connu, même s'il ne perçoit pas toujours que ce savoir lui vient du fonds de sa culture chrétienne: tous les hommes sont fous, et folles toutes leurs actions. Il sait spontanément les règles de lecture d'un tel discours: le fou n'est pas toujours celui qui le paraît et la sagesse a souvent le masque de la folie. C'est paradoxalement parce que la parole de folie est en marge de la raison que le fou peut dire la vérité: "souvent un fou même raisonne bien" rappelle Folie. Au bout d'une telle phrase c'est soudain tout homme devenu fou qui se révèle étranger à lui-même. Et quel lecteur sera surpris de voir dame Folie prendre la place d'un rhéteur, pour bavarder dans un lieu indécis qui pourrait être celui d'une école, elle qui est à la fois savoir et négation du savoir?

Mais, dans une telle œuvre, le bien-être que procure le déjà connu n'a jamais la vie bien longue. Notre lecteur ne tardera pas à perdre son premier confort. Car si ce qu'il redit rappelle une vieille histoire, la forme du discours, elle, ne ressemble à rien de connu. On lui a donc donné toutes les identités.

La Folie dit ce qu'elle fait: une "déclamation improvisée", assure-t-elle. C'est-à-dire un exercice de rhétorique dont le but est de montrer la dextérité de celui qui le mène; ce qui expliquerait le choix du genre de l'éloge. Faire un éloge de la folie est pourtant moins original qu'il ne pourrait paraître: l'exercice est répertorié; il tient du genre paradoxal. D'autres firent l'éloge de la sottise. Les Anciens étaient en la matière des modèles admirés. Mais la Folie se réclame de cette tradition de telle façon que son discours devient vite une sorte de parodie d'éloge paradoxal, genre qui, lui, n'a pas de tradition: il détruit ce qu'il prétend exposer.

La Folie échappant par cet usage extrême au statut du rhéteur ordinaire, on a vu dans son discours une manière de sermon. La Folie, pleine d'attention pour son lecteur-auditeur, invite aussi à l'écoute de cette oreille-là: non pas avec l'oreille "qui vous sert à écouter les prédicateurs sacrés, mais celle que vous avez coutume de dresser vers les charlatans de foire, les pitres et les bouffons" (chapitre II). Autrement dit: écoutez-moi comme vous devriez écouter un prêche, si vous saviez l'écouter, si le sermon était bien pour vous le lieu où se fait entendre la vérité. En effet, cet étonnant discours se donne bien comme un sermon. Dans sa composition: vaste énumération des péchés et des vices des hommes suivie d'un rappel des vérités chrétiennes et d'une exhortation à la conversion; dans sa progression qui est celle du commentaire et de l'exégèse; dans son argumentation, qui aligne les

thèmes habituels de l'homélie, du rappel du péché
originel comme source de l'histoire des hommes à
la célébration de la parodie où s'accomplit l'humanité.

Il y a pourtant en tout cela du simulacre. Si
l'*Eloge* participe bien du discours homélitique, il ne
peut être un sermon. Pour une raison externe: celui
qui parle n'est pas un religieux, n'est pas le repré-
sentant institutionnel du Christ et l'exégète officiel
de sa parole, sans quoi il n'y a pas de sermon. On
ne dira pas davantage qu'il s'agit d'un sermon
parodique: la parodie ne joue que si le genre
d'origine conserve ses conditions d'existence; c'est
pourquoi les auteurs ou les locuteurs des sermons
parodiques sont toujours à l'époque des religieux.
Or, celui qui parle ici est infiniment moins que
n'importe quel locuteur: c'est la Folie elle-même.
Stultitia loquitur. Le discours homélitique existe
alors dans l'étrange incertitude d'une présence qui
ne peut être. Présence qui tire sa force de la nouvelle situation d'énonciation ainsi créée par le fait
que le locuteur est dame Folie. Il faut ici se souvenir que le discours homélitique traditionnel s'orga-
nise autour d'un "il": l'orateur sacré parle au nom
du Christ et de l'Eglise, et sous le couvert de leur
autorité, par le biais d'un commentaire canonique.
Le discours homélitique parodique, celui que les
moines goliards, par exemple, ont illustré, fait
naturellement de même. La Folie bouleverse cet

ordre habituel de la parole sacrée: elle ne parle jamais que de soi. A l'effacement de l'humilité elle substitue la revendication d'existence; au "il" transparent elle oppose soudain une première personne, une vraie première personne qui raconte sa vie.

Cette première personne étant la Folie, l'*Eloge* a été interprété comme une sorte de lieu d'accueil des imaginaires de la Folie contemporaine. Holbein donne caution à cette lecture en revêtant la Folie, dans la plupart de ses dessins, de l'accoutrement du bouffon, alors qu'Erasme prend soin de ne donner aucun détail qui permette de visualiser son personnage. Il n'en reste pas moins que ce petit texte s'est écrit au cœur d'un vaste ensemble culturel, populaire et savant, où la folie est une sorte de thème miroir depuis plus d'un siècle. Dès l'ouverture, la Folie place sa "déclamation" sous le signe du masque, de la duplicité et du jeu. Ce parti-pris permet à Erasme de faire circuler son œuvre avec une dextérité inouïe d'une liberté de Carnaval au rire concerté du spectacle religieux: l'esprit de la sottie nourrit les chapitres I à XLVIII; les chapitres XLIX à LXII, où domine la satire, miment souvent le genre de la moralité; la fin du texte rappelle l'atmosphère des mystères. La Folie tient le rôle du meneur de jeu qui débite sans retenue son bavardage à la façon des *sotternien* hollandais.

Le premier genre énoncé à propos de cette
œuvre par la Folie elle-même, une "déclamation",
prend alors un nouveau sens, et aussi le fait que
l'œuvre soit écrite en latin. En ces temps-là, le
Carnaval touchait toutes les institutions et l'essen-
tiel de la vie sociale ordinaire; en particulier l'Uni-
versité et le savoir. Cette petite *declamatio* est
typique des exercices rhétoriques paradoxaux qui
faisaient la joie des Universités pendant le Carnaval. Une *declamatio* folle, renversée, qui démontre-
ra par raison et arguments avec un art rhétorique
consommé et dans un remarquable latin oratoire à
la manière de Cicéron, que la folie est bien la
meilleure des choses et la plus utile.

Si on laisse à présent provisoirement ces
formes simultanées d'écriture dans lesquelles s'est
investi l'*Eloge* pour interroger le sens de l'œuvre,
la même variété insaisissable se présente de nouveau et un semblable refus d'arrêter là ce qui se
dit.

La folie comme figure du Péché est omnipré-
sente dans l'*Eloge*, celle des prédécesseurs morali-
sateurs d'Erasme, de Brant et de sa *Stultifera navis*.
Les suivantes de dame Folie sont les vices, et les
pécheurs qui naissent de sa parole ont déjà un lourd
passé littéraire: les avaricieux et les prodigues, les
chicaniers, les amoureux, les présomptueux, les
adultères, les envieux, les faux-savants, les paresseux, cent autres encore; fascinant défilé. Mais il y

a dans la peinture de ces pêcheurs et de leurs actions une telle jubilation, un tel plaisir d'écriture qu'elle en fut immédiatement suspecte, le livre à peine sorti des presses, aux théologiens de Louvain, ceux-là même qui, en 1531, feront interdire les œuvres d'Erasme, sous peine d'excommunication. Erasme se défendit, d'un raisonnement qui fondera plus tard le classicisme: pour instruire il faut plaire; l'œuvre doit plaire pour instruire. Mais les dominicains de Louvain n'étaient pas aussi aveugles qu'on pourrait le craindre: ils distinguaient bien entre l'agrément de l'œuvre et celui de la peinture des péchés. Ce qu'ils avaient moins compris c'est que soufflait là, plus fort que nulle part ailleurs, l'esprit de la Renaissance avec sa confiance en l'homme, fût-il pécheur, son éloge du bonheur humain, sa référence à la Nature comme règle de vie. Le tout uni par ce qui fait la spécificité de la littérature de la Renaissance et marque l'orée du monde moderne: l'ironie. C'est par cette ironie que ce qui est dit dans cette œuvre ne l'est jamais définitivement ni simplement.

La critique moderne a vu en général dans cet éloge du bonheur associé à celui de la Nature le fin mot du message humaniste d'Erasme en cette œuvre. Il est vrai que l'idée du bonheur semble justifier toutes les interventions de la Folie auprès des hommes: quelles que soient leurs actions, elle les rend heureux. Mais l'affirmation par son carac-

tère volontairement systématique tient de l'exercice
paradoxal et doit, à ce titre, en bonne rhétorique,
pour s'appliquer à toutes les actions des hommes,
s'appuyer sur un principe unificateur qui parle, en
fait, d'autre chose. C'est ainsi que le bonheur dont
nous entretient la Folie est lié à l'illusion, à l'"heureuse illusion" (chap. XX) qui transforme une
réalité par elle-même peu réjouissante. Les maris
trompés se méprennent sur la vertu de leur femme
(chap. XX); les vieillards moribonds ne savent pas
que la mort est proche (chap. XIII); les papes, les
évêques, les religieux, les princes, les rois, le
peuple aussi, tous ignorent le sens exact de leur
mission (chap. LXI); les mystiques eux-mêmes, par
une sorte de folie, oublient la réalité d'ici-bas et
sont ainsi transportés de bonheur (chap. LXVI). Tel
est donc le discours que tient Folie sur le bonheur
comme valeur suprême.

  Quant à la relation que Folie établit entre le
bonheur et la Nature, elle mérite attention. Folie, si
on l'en croit, reprendrait l'argumentation de ceux
qui voient le bonheur dans la Nature: pour être le
plus heureux possible, soyons le plus près possible
de la Nature; l'intensité et la plénitude du bonheur
humain seraient fonction de ce rapprochement
(chap. XXXII-XXXVIII). L'argumentation est
conduite d'étrange mais de parfaite manière: a-t-on
vu que le texte est ironique et le raisonnement un
vaste syllogisme, lui-même démultiplié en une série

de syllogismes secondaires? On la suivra en partie pour faire toucher du doigt, cette fois, les ruses subtiles de l'écriture érasmienne.

Premier syllogisme: la Folie est la nature de l'homme, or la Nature ne peut être mauvaise (elle est, simplement), donc l'absence de malheur consiste dans l'acceptation de la folie (chap. XXXII). Second syllogisme: la Nature pourvoit à tous les besoins des hommes, or la Science n'est pas dans la Nature, donc l'homme n'a pas besoin de la Science. Troisième syllogisme: plus les Sciences sont voisines de la folie, plus elles procurent le bonheur, or la Folie est l'expression de Nature, donc le bonheur est d'autant plus grand qu'on s'éloigne des Sciences et qu'on se rapproche de la Nature (chap. XXXIII). Quatrième syllogisme: une abeille est heureuse, or, elle n'a pas tous les sens de l'homme, donc moins on a de sens plus on est heureux (chap. XXXIV), etc... L'ensemble constitue une démonstration par l'absurde dont la conclusion implicite est: l'homme est d'autant plus heureux qu'il est moins homme et se rapproche de la bête la plus éloignée de lui par les sens et l'intelligence (chap. XXXIV; XXXV).

Ce qui ne veut pas dire que le fin mot de l'*Eloge* soit dans cette esquive constante du genre et du sens. Il aurait pu en être ainsi: l'œuvre aurait alors été pensée comme un lieu d'exercice de l'intelligence et de la raison, un lieu d'apprentis-

sage de l'esprit critique, à la manière des *Essais* de
Montaigne. La vue serait anachronique: l'*Eloge*
parle du Christ; ce ne peut être, à l'époque, pour
parler de tout autre chose.

   Sous la variété ludique, un sens appuyé se
construit, en archéologie à ce discours en état
d'ébriété. Une ligne de partage sémantique traverse,
en fait, l'apparente unité de la folie; elle se confond
avec la mort. Cette claire frontière découverte
ordonne soudain la confusion des folies: les unes
mènent à la mort et procurent un bonheur illusoire;
les autres mènent à la vie et au bonheur réel à
travers la mort. Les premières sont les folies
profanes dont toutes les composantes ont leur fin
en elles-mêmes; elles donnent une ombre de bonheur à ceux qui en sont possédés. Les secondes
sont les pieuses folies: elles sont dépassement de
soi et permettent l'accès à l'Intelligence suprême et
à la vraie vie. Il n'est pas jusqu'à Bacchus lui-
même, jusqu'au thème du vin, qui ne soit dédoublé:
d'un côté le vin profane, celui de la fête qui rend
heureux en enivrant, de l'autre celui de la messe
qui donne le bonheur de la vérité (chap. LXVI).
L'effet du discours est alors de mener lentement le
lecteur d'une folie à l'autre: telle est l'"initiation"
dont parle Folie à la fin de son éloge.

   Ce n'est pourtant pas dire que les folies profanes sont négatives et les "pieuses folies" positives,
ni que l'initiation du lecteur consiste à renier les

premières au profit des secondes dans un cheminement qui serait celui d'une conversion. Ce serait *in extremis* réduire à rien ce texte et en faire une manière de bréviaire. Un tel sens n'est en fait compréhensible que replacé dans les formes qui le manifestent, celui du long réseau des discours de folies contemporaines que nous avons côtoyé plus haut. C'est l'ordre calendaire, celui de l'année liturgique, celui du déroulement du Carnaval, celui de la mise en scène des spectacles religieux qui donne à l'opposition des deux catégories de folie un sens vivifiant et dialectique. Le Carnaval n'a de sens que parce que les folies qu'il donne en spectacle s'acheminent vers le mercredi des Cendres où la folie bachique, la folie de la fête, est soudain prise en charge par les sermonnaires pour être mise dans la perspective d'une autre folie, celle de la Croix. La seconde n'anéantit pas la première, elle lui donne sens; sans celle-ci point de rachat, sans la folie du Péché point de folie du Christ, sans Péché point de Rédemption. De même que la sottie ne prend jamais davantage sens que lorsqu'elle ouvre le mystère. La folie profane ne rend pas seulement possible la folie sacrée; elle en est la condition nécessaire.

C'est alors que revient à notre mémoire la question qui hante l'écoute de cette parole de Folie: qui parle? Ce discours avons-nous dit ne peut être un sermon parce qu'il n'est pas dit par un représen-

tant institutionnel du Christ. Mais en même temps,
la voix qui parle n'est pas celle d'un autre qui
feindrait, bien improbablement, d'en prendre la
place; une telle procédure est impensable et d'E-
rasme et de ces temps-là. Le coup d'éclat est tout
autre: la voix qui parle ici parle à la première
personne. Et elle occupe la scène entière pour la
vider de toute présence. Car la Folie ne pourra à la
fois revendiquer les folies profanes comme pleine-
ment siennes et prétendre être celle qui mène
l'initié jusqu'à la folie mystique. En dénonçant
ainsi l'illusion de sa propre existence la Folie ruine
par avance toute possibilité pour elle de dire le
vrai. Mais c'est justement dans la permanence de
cette dénégation que la Folie s'affirme comme
vérité; le masque de Folie est toute vérité parce
qu'il se reconnaît comme masque.

La double fonction qu'Erasme assigne ainsi à
la Folie, être un «je» authentique et qui dénonce sa
propre imposture, a la conséquence recherchée sur
l'effet de lecture: il provoque l'identification du
lecteur à la Folie, d'un lecteur qui se reconnait tout
à coup dans cette parole folle. Mais comme la Folie
se dérobe à jamais en tant que référence, la référence ne peut plus être que la parole même du
Christ. Si bien que lorsque la Folie parle, l'étrange
sentiment qu'éprouve le lecteur devant cette voix
inédite vient de ce qu'elle est en même temps la
folie de l'homme pécheur et la parole du Christ

telle que l'entend chacun au fond de lui-même là
où parle le *Deus interior intimo me* de saint Augustin.

Erasme venait d'inventer une manière d'écouter le Christ, loin des hiérarchies dogmatiques et
des intermédiaires d'autorité, une manière évangélique d'écouter la parole de Dieu, à travers une voix
humaine, la voix de chacun hantée par celle du
Christ. Mais c'est aussi le «je» moderne qui se fait
déjà entendre du fond de cette œuvre, un "je"
solitaire en quête de sa vérité, fasciné par son
identité divisée et ne se saisissant encore que dans
une tension vers ce qui le dépasse, où ne parle plus
que le silence:

«l'œil n'a pas vu, l'oreille n'a pas entendu...»

Claude BLUM

*Erasme de Rotterdam
à son cher Thomas More.*

Salut

Ces jours derniers comme je revenais
d'Italie en Angleterre, pour ne pas perdre tout
ce temps que je devais passer à cheval en
bavardages où les Muses et les lettres n'ont
pas de part, j'ai préféré quelquefois réfléchir
sur des questions ayant trait à nos communes
études ou prendre plaisir à évoquer les amis
que j'ai laissés ici, aussi savants que délicieux.

Parmi eux, mon cher More, c'est d'abord
à toi que j'ai pensé: ton souvenir m'était aussi
plaisant, toi absent, que le fut jadis ta présence,
lorsque nos relations étaient familières; et que
je meure si jamais j'ai connu dans ma vie
quelque chose de plus doux. Donc jugeant que
je devais m'occuper à tout prix, et les circonstances ne se prêtant guère à une méditation
sérieuse, j'eus l'idée de m'amuser à un éloge
de Moria. Quelle Pallas, me diras-tu, te l'a
mise en tête? C'est d'abord ton nom de famille

qui m'y a fait pensé, lequel est aussi voisin de
Moria que tu es toi-même étranger à la chose.
Car tu lui es, tout le monde le reconnaît,
totalement étranger. Ensuite, j'ai supposé que
ce jeu de mon esprit gagnerait ton approbation,
parce que tu prends d'ordinaire un très grand
plaisir à ce genre d'amusements, c'est-à-dire,
je crois, qui n'est ni dépourvu d'érudition ni de
culture, et que tu tiens volontiers dans le train
ordinaire de la vie le rôle d'un Démocrite.
Pourtant, si la singulière profondeur de ta
pensée t'éloigne complètement du vulgaire, ton
incroyable douceur et affabilité de caractère
fait que tu peux toujours être à la disposition
de tous avec plaisir. Donc non seulement tu
recevras avec bienveillance cette petite déclamation, comme un *souvenir* de ton compagnon,
mais tu accepteras de la défendre, puisqu'elle
t'est dédiée et n'est plus à moi, mais à toi.

En effet, il ne manquera sans doute pas de
détracteurs pour la diffamer disant que ce sont
des bagatelles les unes plus légères qu'il ne
sied à un théologien, les autres trop mordantes
pour convenir à la modestie chrétienne, et ils
s'écrieront que je ramène à l'Ancienne Comédie ou à un certain Lucien et que je déchire
tout à belles dents. Mais ceux qu'offensent la

légèreté du sujet et son caractère ludique, je voudrais qu'ils songent que l'exemple ne vient pas de moi mais qu'il y a longtemps que de grands auteurs en ont fait autant. Il y a des siècles qu'Homère s'est amusé avec la *Batrachomyomachie*, Virgile avec le *Moustique* et le *Moretum*, Ovide avec la *Noix;* Polycrate a fait l'éloge de Busiris qu'Isocrate a blâmé, Glaucon a fait l'éloge de l'injustice, Favorinus celui de Thersite et de la fièvre quarte, Synésius celui de la calvitie; Lucien, celui de la mouche et du parasitisme; Sénèque s'est amusé avec l'*apothéose* de Claude, Plutarque avec le dialogue de Gryllus et d'Ulysse, Lucien et Apulée avec l'âne et je ne sais qui avec le testament du porcelet Grunnius Corocotta, que mentionne aussi saint Jérome. Par conséquent, je prie ces gens de se figurer que j'ai voulu me distraire l'esprit en jouant aux échecs ou, s'ils préfèrent, en faisant du cheval sur un roseau. Car enfin c'est une iniquité qu'on permette que chaque mode de vie ait ses délassements et qu'on n'en concède absolument aucun aux études, surtout quand les bagatelles mènent au sérieux et que le divertissement est traité de telle façon que le lecteur, s'il a un peu de nez, y trouve mieux son profit qu'aux argumentations graves et spécieuses de certains! Par exemple, tel dans un discours longuement travaillé fait l'éloge de la rhétorique ou de la philosophie, tel autre le panégyrique d'un prince quelconque, un autre exhorte à faire la guerre aux Turcs. Celui-ci prédit l'avenir; celui-là imagine des questions à débattre sur la laine des chèvres. Car si rien n'est plus frivole que de traiter de choses sérieuses avec frivolité, rien n'est plus divertissant que de traiter de frivolités en paraissant avoir été rien moins que frivole. Certes, c'est aux autres à me juger; pourtant si la *philautie* ne me trompe pas, je crois avoir fait un éloge de la folie mais qui n'est pas tout à fait fou.

Et maintenant au reproche selon lequel je serais mordant, je répondrai qu'on a toujours accordé au talent la liberté de railler impunément la vie ordinaire des hommes, pourvu que la licence ne finisse pas en rage. J'en admire d'autant plus la délicatesse des oreilles de ce temps, qui n'admettent plus en général que les titres solennels. On en voit même certains qui sont tellement pieux à contresens qu'ils supporteraient plutôt les pires blasphèmes contre le Christ que la plus légère plaisanterie sur un pape ou un prince, surtout si cela touche *leur pain de chaque jour*. Mais critiquer la vie des hommes sans effleurer une seule personne nommément, je vous le demande: est-ce mordre, ou n'est-ce pas plutôt instruire et conseiller? Au reste, je vous prie, est-ce que je ne fais pas ma propre critique? En outre, qui n'excepte aucun genre d'hommes, s'en prend manifestement à nul homme en particulier, mais à tous les vices. Donc si quelqu'un se dresse et crie qu'on l'a blessé, il révélera sa mauvaise conscience ou au moins son inquiétude. Quelqu'un s'est amusé dans ce genre de façon plus libre et mordante, c'est saint Jérôme qui quelquefois ne se dispense pas de donner des noms. Pour ma part, outre que je me suis totalement abstenu de nommer personne, j'ai modéré mon style de telle façon que le lecteur intelligent comprendra sans peine que j'ai cherché à donner du plaisir plutôt qu'à mordre. Car je n'ai jamais, comme Juvénal, remué la sentine cachée des vices, et je me suis attaché à recenser les ridicules plus que les indignités. Après cela, s'il y a quelqu'un que ces raisons n'apaisent pas, qu'il se souvienne qu'il est beau d'être vitupéré par la Folie; puisque c'est elle que je fais parler, j'ai dû me mettre au service des bienséances du personnage.

Mais pourquoi te dire tout cela, toi qui es un avocat si remarquable que tu peux défendre excellemment même des causes qui ne sont pas excellentes? Salut, More si éloquent, et défends avec soin ta Moria.

A la campagne, le 5e jour avant les Ides de mars (1508).

I

Quoi que dise de moi le commun des mortels (car je n'ignore pas tout le mal qu'on entend dire de la Folie, même auprès des plus fous), c'est pourtant moi, et moi seule, qui grâce à mon pouvoir surnaturel répand la joie sur les dieux et les hommes. Je viens encore d'en donner la preuve éclatante: à peine ai-je paru au milieu de cette nombreuse assemblée, pour prendre la parole, que tous les visages ont aussitôt été éclairés par la gaieté la plus nouvelle et la plus insolite; tous les fronts se sont tout de suite déridés; vous m'avez applaudie avec des rires si aimables et si joyeux que, vous qui êtes venus de partout et tels que je vous vois, vous m'avez l'air ivres du nectar des dieux d'Homère mêlé de népenthès, alors qu'il y a un instant vous étiez sur vos sièges aussi sombres et soucieux que si vous veniez de sortir de l'antre de Trophonius. Mais quand le soleil montre son beau visage d'or à la terre, quand après un rude hiver le printemps nouveau souffle ses caressants zéphyrs, aussitôt toutes choses prennent figure nouvelle, nou-

velle couleur et vraie jeunesse; de même dès
que vous m'avez vue votre physionomie s'est
transformée Et ainsi ce que des orateurs d'ailleurs considérables peuvent à peine obtenir par
un grand discours longuement préparé, je veux
dire chasser de l'âme les soucis importuns, je
n'ai eu qu'à me montrer pour y parvenir.

II

Pourquoi suis-je venue aujourd'hui dans cet accoutrement insolite, vous allez le savoir si toutefois cela ne vous lasse pas de me prêter l'oreille, non pas bien sûr celle qui vous sert à écouter les prédicateurs sacrés, mais celle que vous avez coutume de dresser vers les charlatans de foire, les pitres et les bouffons, celle que notre grand Midas montra jadis à Pan. Car j'ai décidé de faire un peu le sophiste devant vous, non pas comme ceux d'aujourd'hui qui inculquent aux enfants des sornettes compliquées et leur enseigne à disputer avec plus d'opiniâtreté que des femmes, mais à l'imitation de ces Anciens qui, pour échapper à l'appellation déshonorante de «Sages», préfèrent celle de «Sophistes». Leur occupation consistait à célébrer dans des éloges la gloire des dieux et des héros. Vous allez donc entendre un éloge, non d'Hercule ou de Solon, mais le mien propre, c'est-à-dire celui de la Folie.

III

Je fais peu de cas de ces sages qui proclament que c'est le comble de la folie et de l'impertinence de chanter ses propres louanges. Folie tant qu'ils voudront, pourvu qu'ils reconnaissent que cela me convient à merveille. Car quoi de plus cohérent que la Folie claironnant ses propres louanges *et se faisant son propre chantre*? Qui pourrait mieux me dépeindre que moi-même? Peut-être y a-t-il quelqu'un qui me connaisse mieux que moi?

Il me semble d'ailleurs qu'en cela je fais preuve de plus de modestie que le commun des grands et des sages, qui, par une pudeur perverse subornent un rhéteur courtisan ou un poète bavard, et le soudoient pour l'entendre réciter leurs louanges, c'est-à-dire un pur mensonge. Néanmoins, l'humble personnage, tel un paon, fait la roue et dresse sa crête, en écoutant le flatteur impudent égaler aux dieux cet homme de rien, le proposer en modèle accompli de toutes les vertus, en sachant fort bien qu'il en est l'*antipode*, parer la corneille de plumes d'emprunt, *blanchir le nègre* et *faire d'une mouche un éléphant*. Enfin, je suis ce proverbe populaire rebattu selon lequel on a raison de se louer soi-même quand on ne trouve personne d'autre pour le faire. D'ailleurs, à ce propos, je m'étonne dirai-je de l'ingratitude ou de la paresse des mortels, qui tous me rendent un culte assidu, jouissent volontiers de mes bienfaits, et dont pas un seul, depuis tant de siècles, ne s'est montré pour célébrer avec gratitude les louanges de Folie, alors qu'on a vu des gens perdre leur huile et leur sommeil pour vanter dans des discours soigneusement travaillés, les Busiris,

les Phalaris, les fièvres quartes, les mouches,
les calvities et autres fléaux de ce genre.

Le discours que vous entendrez de moi
sera, lui, improvisé et sans préparation, et
d'autant plus sincère.

IV

Je ne dis pas cela, croyez-le bien, pour
faire valoir mon talent, comme le commun des
orateurs. Vous le savez, quand ces gens débi-
tent un discours qu'ils ont préparé pendant
trente ans, qui quelquefois même est d'un
autre, jurent qu'ils l'ont écrit en trois jours, en
se jouant, ou même l'ont dicté. Mais moi, j'ai
toujours un grand plaisir à dire *à tort et à
travers tout ce qui me vient sur la langue.*

Qu'on n'attende donc pas de moi que selon l'usage de ces pauvres rhéteurs vulgaires je donne une définition et encore moins une division en règle de mon sujet car ce serait de bien mauvais augure si je circonscrivais dans des limites finies une divinité dont l'empire est aussi étendu, ou si je divisais celle à qui toute espèce de créatures rend un culte unanime. D'ailleurs à quoi bon présenter dans une définition une esquisse ou une image de moi-même alors que vous tous ici présents vous m'avez en personne présente devant vous? Oui, comme vous le voyez, je suis cette véritable dispensatrice des *biens* que les Latins appellent Stultitia et les Grecs Moria.

V

D'ailleurs qu'ai-je besoin de le dire? Comme si, selon l'adage, mon seul visage et ma seule mine ne disaient pas assez qui je suis. Et si quelqu'un s'avisait de me prendre pour Minerve ou la sagesse, il suffirait, pour le détromper, d'un seul regard, ce miroir de l'âme le moins menteur, même sans dire le moindre mot.

Pas de place chez moi pour le fard, je ne simule pas sur mon visage ce que je ne ressens pas dans mon cœur. Je suis partout semblable à moi-même, si bien que nul ne peut me cacher, pas même les plus acharnés à revendiquer le personnage et le titre de sage, et qui déambulent *comme des singes sous la pourpre* ou *des ânes sous la peau d'un lion*. Ils ont beau se contrefaire, il y a toujours un bout d'oreille qui dépasse et trahit Midas. Quels ingrats aussi ces gens, par Hercule, qui sont mes plus chauds partisans mais qui ont tellement honte de mon nom en public qu'ils le jettent communément à la figure d'autrui comme une grosse injure. Eh bien, *ces fous parfaits* qui veulent passer pour des sages, pour

des Thalès, n'aurons-nous pas raison de les
appeler des *Morosophes,* des *sages-fous.*

VI

J'ai voulu imiter par là les Rhéteurs d'aujourd'hui qui se croient de vrais dieux parce
qu'ils se montrent avec deux langues comme
les sangsues, et qu'ils s'imaginent faire merveille en enchâssant dans leurs discours latins
quelques petits mots grecs, comme on fait une
mosaïque, même si c'est hors de propos. Et si
les mots étrangers leur manquent, ils déterrent
dans de vieux parchemins pourris quatre ou
cinq archaïsmes qui obscurcissent l'esprit du
lecteur, si bien que ceux qui les comprennent
sont encore plus contents d'eux-mêmes et ceux
qui ne les comprennent pas s'extasient d'autant
plus qu'ils comprennent moins. Car c'est un
plaisir délicat pour mes gens que d'admirer
par-dessus tout ce qui leur est le plus étranger.
Si certains sont un peu plus prétentieux alors
ils sourient, ils applaudissent et *remuent les
oreilles* comme l'âne pour faire croire aux
autres qu'ils ont parfaitement compris. *Mais
assez là-dessus.* Je reviens maintenant à mon
sujet.

VII

Donc vous savez mon nom, hommes... Quelle épithète ajouter? Eh bien: complètement fou! Car y a-t-il un nom plus honorable que la déesse Folie puisse donner à ses initiés? Mais comme ma généalogie est assez peu connue, je vais essayer de vous l'expliquer avec l'aide des Muses. Eh bien, je n'ai eu pour père ni Chaos, ni Orcus, ni Saturne, ni Japet, ni aucun autre de ces dieux désuets et décrépis, mais Plutus en personne qui, n'en déplaise à Hésiode, à Homère et à Jupiter lui-même, est le seul *père des hommes et des dieux.* Un signe de lui seul, aujourd'hui comme hier, bouleverse le sacré et le profane, met tout sens dessus dessous. Sa volonté règle guerres, paix, empires, conseils, tribunaux, comices, mariages, traités, alliances, lois, arts, jeux, travail... mais le souffle me manque, bref: toutes les affaires publiques et privées des mortels. Sans son aide, tout le peuple des divinités poétiques et, j'ose le dire, les Grands Dieux eux-mêmes, ou bien n'existeraient pas du tout ou du moins vivraient fort chichement, *sur leur propre compte.* A celui qui encourt sa colère, même Pallas ne sera d'aucun secours; par contre, celui qui a sa faveur peut envoyer promener Jupiter et sa foudre. *Tel est celui que je peux me glorifier d'avoir pour père.* Et ce n'est pas de son cerveau qu'il m'a engendré, comme Jupiter la sombre et acariâtre Pallas, mais de Jeunesse, la plus jolie et la plus gaie des nymphes. Il ne lui était pas attaché par ces tristes liens du mariage dont est né le forgeron boiteux, mais il *s'est uni à elle par amour,* comme dit ce cher Homère, ce qui est infiniment plus doux. Et ne vous y trompez pas, quand il m'a engendré il n'était pas le Plutus d'Aristophane, déjà moribond et n'y voyant plus; c'est un Plutus encore intact, bouillant de jeunesse, et pas seulement de jeunesse, mais bien plus encore du nectar qu'il avait bu au banquet des dieux, du pur et à grands traits.

VIII

Si vous voulez connaître aussi le lieu de ma naissance, puisque aujourd'hui on croit que la noblesse dépend avant tout du lieu où l'on a poussé ses premiers vagissements, eh bien, moi, ce n'est ni dans l'île enchantée de Délos, ni dans la mer houleuse, ni *dans des grottes profondes,* mais dans les Iles Fortunées, où tout pousse *sans semailles ni labour.* Là-bas, on ne connaît ni travail ni vieillesse ni la moindre maladie; on ne voit dans les champs ni asphodèle, ni mauve, ni squille, lupin, fève ou autres broutilles de ce genre. Mais partout la vue et l'odorat à la fois sont flattés par le moly, la panacée, le népenthès, la marjolaine, l'ambroisie, le lotus, la violette, la jacinthe, les jardins d'Adonis. Née parmi ces délices, je n'ai pas inauguré ma vie par des pleurs; tout de suite j'ai souri gentiment à ma mère. Je n'envie pas au *puissant Fils de Cronos* la chèvre qui l'a allaité, puisque deux très gracieuses nymphes m'ont nourri de leurs mamelles: Ivresse, née de Bacchus, et Ignorance, fille de Pan. Vous les voyez ici dans le groupe de mes compagnes et suivantes. Si vous voulez savoir

leurs noms, ma parole! je ne vous les dirai
qu'en grec.

IX

Celle-ci, que vous apercevez les sourcils
levés, c'est Philautie, l'Amour-Propre. Celle
dont les yeux sourient et qui bat des mains,
c'est Kolakie, la Flatterie. Celle-ci, qui est
assoupie et semble dormir, s'appelle Léthé,
l'Oubli. Celle qui s'appuie sur ses deux coudes
et a les mains croisées se nomme Misoponie,
la Paresse. Celle qui est couronnée de roses et
tout imprégnée de parfums s'appelle Hèdone,

la Volupté. Celle dont les regards errent sans se fixer est Anoia, la Démence. Celle-ci, bien en chair et au teint frais, se nomme Tryphè, la Mollesse. Vous voyez aussi deux dieux parmi ces jeunes filles: l'un s'appelle Kômos, Bonne Chère, et l'autre Négretos Hypnos, Profond Sommeil. Grâce à l'aide fidèle de ces serviteurs, je soumets toute chose à mon autorité et les empereurs même à mon empire.

X

Vous connaissez mon origine, mon éducation et mon entourage. Maintenant, pour qu'on ne croie pas que je me suis attribué sans motif le titre de Déesse, dressez l'oreille: je vais vous dire quels biens je procure aux dieux et aux hommes et quelle est l'étendue de ma providence. Car s'il est vrai, comme on l'a écrit, que c'est le propre d'un dieu de venir en aide aux mortels, le vin, le blé ou un autre bien de ce genre, pourquoi n'aurais-je pas le droit d'être nommée l'*Alpha* de tous les dieux et me considérer comme tel, moi qui seule prodigue tout à tous?

XI

D'abord que peut-il y avoir de plus doux ou de plus précieux que la vie elle-même? Or, à qui doit-on son origine, sinon à moi? Ce n'est tout de même pas la lance de Pallas *au père puissant* ni l'égide de Jupiter *assembleur des nuées* qui engendrent et propagent le genre humain. Car le père des dieux et souverain maître des hommes, qui fait trembler tout

l'Olympe d'un signe de tête, est bien obligé de
remiser sa foudre à trois pointes et son visage
de Titan qui fait peur, quand il le veut, à tous
les dieux; et il est bien obligé, le malheureux,
de prendre un autre masque, comme les comédiens, à chaque fois qu'il veut faire ce qu'il
fait souvent: *des enfants*! Quant aux Stoïciens,
ils se prétendent proches des dieux. Eh bien,
donnez-m'en un qui soit trois fois, quatre fois,
ou même mille fois stoïcien. S'il ne dépose pas
sa barbe, l'emblème de sa sagesse, qu'il partage d'ailleurs avec les boucs, il devra du
moins laisser là sa morgue, son air renfrogné
et jeter par-dessus bord ces fameux dogmes
d'acier, perdre la tête et délirer quelque temps.
Bref, c'est à moi, c'est bien à moi qu'il faut
qu'il ait recours s'il veut être père.

Et pourquoi ne pas vous parler plus clairement selon mon habitude? Dites-moi, est-ce la
tête, est-ce le visage, est-ce la poitrine, est-ce
les mains, est-ce les oreilles, ces parties dites
honnêtes, qui engendrent les dieux ou les
hommes? Je ne crois pas! c'est cette partie si
folle, si risible qu'on ne peut même pas la
nommer sans rire qui est la propagatrice du
genre humain. C'est elle la source sacrée où

tous les êtres puisent la vie bien plus sûrement
qu'au système quaternaire de Pythagore.

Et puis, je vous le demande, quel homme voudrait se mettre au cou la bride du mariage si, comme font ces sages, il soupesait d'abord les inconvénients de cette vie-là? Et quelle femme se donnerait à un homme si elle connaissait ou imaginait les douleurs et les dangers de l'accouchement et les tracas de l'éducation? Or si vous devez la vie au mariage, vous devez le mariage à ma suivante Anoia, l'Étourderie; et vous pouvez donc voir ce que vous me devez à moi. Ensuite, quelle est la femme qui, après avoir fait une seule fois pareille expérience, voudrait recommencer, si Léthé, l'Oubli, ici présent, ne l'assistait? Vénus elle-même, quoi qu'en dise Lucrèce, ne contesterait jamais que sans l'aide de ma providence tout son pouvoir est insuffisant et sans effet. C'est donc de mon ridicule jeu d'ivrogne que proviennent et les philosophes sourcilleux auxquels ont succédé aujourd'hui ces êtres qu'on appelle vulgairement les moines, et les rois dans leur pourpre et les prêtres pieux et les pontifes trois fois saints, enfin toute cette assemblée des dieux poétiques, si nombreuse que l'Olympe lui-même a peine à en contenir la foule, tout spacieux qu'il soit.

XII

Mais ce serait peu, sans doute, de me devoir la semence et la source de la vie, si je ne montrais pas que tout ce qu'il y a de bien en elle n'était aussi un cadeau de moi. Que serait la vie, en effet, et mériterait-elle d'être appelée la vie, si on en ôtait le plaisir? Vous applaudissez. Ah, je savais bien que pas un de vous n'est assez sage, ou plutôt assez fou, non: assez sage pour être de cet avis. D'ailleurs les fameux Stoïciens eux-mêmes ne dédaignent pas le plaisir; ils ont beau s'en cacher avec soin et l'accabler de mille injures en public, c'est bien sûr pour en détourner les autres et en jouir eux-mêmes plus à leur aise. Mais par Jupiter, qu'ils me le disent: y a-t-il une heure de la vie qui ne soit triste, ennuyeuse, sombre, insipide, assommante, si l'on n'y mêle le plaisir, c'est-à-dire l'assaisonnement de la folie? Sur ce point on pourrait invoquer le témoignage du grand Sophocle, qu'on ne loue jamais assez, qui a laissé de moi ce très bel éloge: *Là où est l'inconscience la vie est plus douce;* néanmoins, examinons la chose en détail.

XIII

D'abord, qui ne sait que le premier âge de l'homme est de beaucoup le plus joyeux et le plus agréable pour tous? Qui y a-t-il en effet chez les bébés qui nous pousse à les embrasser, à les dorloter, à les caresser au point que même un ennemi porte secours à cet âge? Quoi, sinon l'attrait de la folie que la nature prévoyante a donné à dessein aux nouveau-nés pour leur permettre de payer en plaisir et ainsi d'adoucir les fatigues de ceux qui les élèvent et de s'attirer la faveur de ceux qui les protègent. Et l'adolescence qui lui succède, quel crédit a-t-elle aux yeux de tous, avec quelle sincérité on la choie, avec quelle ferveur on l'encourage, avec quel empressement on lui tend des mains secourables! Or d'où vient, je vous le demande, ce crédit des jeunes, sinon de moi qui, en leur épargnant la sagesse, leur épargne de se tourmenter.

Est-ce que je mens? Dès qu'ils prennent de l'âge et que l'expérience et l'étude les rapprochent des adultes, aussitôt la fleur éclatante de leur beauté se fane, leur vivacité s'émousse, leur enjouement se refroidit, leur vigueur s'altère. A mesure qu'on s'éloigne de moi, on vit de moins en moins, jusqu'à ce que survienne à son tour l'*importune vieillesse*, pénible non seulement pour les autres mais aussi pour elle-même. Et vraiment pas un seul mortel ne pourrait la supporter si, une fois de plus, je n'étais pitoyable à tant de misères, et si, à la façon des dieux des poètes, qui sauvent par quelque métamorphose ceux qui vont périr, je ne ramenais autant que possible à une seconde enfance ceux qui sont déjà au bord de la tombe. C'est pourquoi on dit communément des vieillards, non sans raison, qu'ils sont *retombés en enfance*. Si maintenant on veut savoir comment j'opère cette métamorphose, cela non plus je ne le cacherai pas. Je conduis mes vieillards à la source de ma chère Léthé, qui jaillit aux Iles Fortunées (car aux Enfers il n'en coule qu'un tout petit ruisseau); ils y boivent les longs oublis et peu à peu les soucis de leur âme s'y dissolvent et ils rajeunissent.

Mais, me dit-on, ils radotent, ils déraisonnent. Bien sûr, mais c'est précisément cela redevenir enfant. Oui, vraiment, être enfant est-ce autre chose que radoter et déraisonner? Ce qui nous charme le plus, dans cet âge, n'est-ce pas son manque de sagesse? Car qui ne détesterait, qui n'abhorrerait comme un monstre un

enfant avec une sagesse d'adulte? C'est ce que
dit le proverbe populaire: «Je déteste l'enfant
à la sagesse précoce». Et qui supporterait
d'avoir pour ami et familier un vieillard qui
joindrait à son expérience consommée de la vie
autant de force d'âme et de pénétration de
jugement? Donc, grâce à moi, le vieillard
radote. Mais au moins pendant ce temps-là
mon radoteur échappe aux misérables soucis
qui torturent le sage. Et comme compagnon de
bouteille il n'est pas du tout désagréable. Il
n'éprouve pas le dégoût de vivre qu'un âge
plus robuste supporte à peine. Quelquefois,
comme le vieillard de Plaute, il revient aux
trois lettres, ce qui le rendrait bien malheureux
s'il était sage. Grâce à moi, il est heureux,
charmant pour ses amis, et c'est même un
compagnon de société bien agréable. De fait,
chez Homère, des paroles plus douces que le
miel coulent de la bouche de Nestor, tandis
que celles d'Achille sont pleines d'amertume;
et toujours chez lui, les vieillards assis sur les
remparts échangent *des propos tout fleuris*. Par
là, ils l'emportent même sur la petite enfance,
si agréable du reste, mais muette et ainsi
privée du plus grand plaisir de la vie, qui est
de bavarder. Ajouter à cela que les vieillards

raffolent des enfants et que les enfants se plaisent avec les vieillards *car Dieu unit toujours le semblable au semblable*. En effet, qu'est-ce qui les distingue entre eux, sinon que l'un est plus ridé et compte plus d'anniversaires. A part cela, cheveux blancs, bouche édentée, corps chétif, appétence du lait, zézaiement, bavardage, niaiserie, oubli, étourderie, bref tout le reste les rapproche. Et plus les vieillards s'avancent dans la vieillesse, plus ils rappellent l'enfance, jusqu'au jour où, pareils à des enfants, sans regretter la vie, sans conscience de la mort, ils sortent de la vie.

XIV

Que l'on compare à présent, si l'on veut, mon bienfait aux métamorphoses dues aux autres dieux. Mieux vaut ne rien dire de ce qu'ils font lorsqu'ils sont en colère. Mais ceux auxquels ils sont les plus favorables, ils les changent d'ordinaire en arbre, en oiseau, en cigale, voire en serpent, comme si mourir ce n'était pas justement devenir un autre. Tandis que moi c'est le même homme que je restitue à l'époque la meilleure et la plus heureuse de sa vie. Et si les mortels rompaient une bonne fois tout commerce avec la sagesse, et vivaient continuellement avec moi, ils ne vieilliraient jamais et jouiraient avec bonheur d'une perpétuelle jeunesse. Mais regardez-moi ces gens sombres, adonnés à l'étude de la philosophie ou aux affaires sérieuses et ardues. La plupart ont vieilli avant d'avoir été vraiment jeunes, parce que les soucis, le tourbillon effréné et continu des pensées ont épuisé peu à peu le souffle et la sève de la vie. En revanche, mes petits fous sont grassouillets, luisants, avec une peau bien fraîche, de vrais *gorets d'Acarnanie,* comme on dit. Et je suis sûre qu'ils ne ressentiraient jamais le moindre inconvénient de la

vieillesse, s'ils n'étaient quelque peu conta-
minés par le contact des sages. Tant il est vrai
que la vie humaine ne va guère avec le bonheur parfait. A cela un proverbe bien connu
apporte un témoignage de poids affirmant que
la folie est la seule chose capable de retenir la
jeunesse dans sa course fugitive, et de tenir à
distance l'importune vieillesse. Aussi n'est-ce
pas sans raison que le peuple dit partout des
Brabançons qu'à l'inverse des autres hommes
qui gagnent en sagesse avec l'âge, eux, devien-
nent de plus en plus fous, au fur et à mesure
qu'ils approchent de la vieillesse. Or, nulle
autre nation n'est plus gaie dans la vie quoti-
dienne, aucune ne ressent moins la tristesse de
la vieillesse. Mes chers Hollandais, leurs voi-
sins, sont proches d'eux autant par le genre de
vie que par les frontières. Et pourquoi ne les
dirais-je pas «mes chers»? Ils sont pour moi
des fidèles si zélés qu'ils ont mérité leur
surnom habituel de «fous de Hollande»; et ils
en rougissent si peu qu'ils en font leur plus
grand titre de gloire.

Que maintenant les sots mortels demandent
aux Médée, aux Circé, aux Vénus, aux Aurore,
à je ne sais quelle fontaine qu'ils leur rendent
la jeunesse. Moi seule j'ai ce pouvoir et seule

je l'exerce. C'est moi qui possède le philtre merveilleux dont se servit la fille de Memnon pour prolonger la jeunesse de son aïeul Tithon. Je suis la Vénus qui permit à Phaon de rajeunir assez pour rendre Sapho follement amoureuse. A moi les herbes, s'il y en a, à moi les incantations, à moi la fontaine qui non seulement ramène l'adolescence envolée, mais ce qui est plus désirable, la rend éternelle. Si tous vous souscrivez à cette vérité que rien n'est meilleur que l'adolescence, et rien plus détestable que la vieillesse, je pense que vous voyez aussi ce que vous me devez à moi qui sais conserver un si grand bien et éloigner un si grand mal.

XV

Mais pourquoi toujours parler des mortels? Faites le tour du Ciel. Je permets à qui le voudra de m'injurier avec mon propre nom s'il trouve un seul dieu, aimable et attrayant, qui ne soit pas sous mon patronage. Pourquoi Bacchus, par exemple, est-il toujours l'éphèbe aux longs cheveux? Évidemment parce qu'il est ivre et insensé, et qu'il passe sa vie dans les festins, les danses, les chants, les jeux; il n'a donc pas le moindre commerce avec Pallas. Enfin, il est si loin de vouloir passer pour sage qu'il est tout content d'être honoré par des farces et des jeux. Il ne s'offense pas du proverbe qui fait de lui un fou: *plus fou que Morychos*. On changera son nom en Morycos parce que les paysans de belle humeur badigeonnaient de moût et de figues fraîches sa statue à la porte du temple. Et quels sarcasmes l'Ancienne Comédie lui a-t-elle épargnés? O le sot dieu, disait-on, et bien digne de naître d'une cuisse! Mais qui ne préférerait être un dieu sot et imbécile, toujours gai, toujours adolescent, apportant jeux et plaisirs à tous, plutôt que ce *retors* de Jupiter, que tout le monde craint, ou le vieux Pan qui gâte tout par ses paniques, ou ce Vulcain tout couvert de cendre et toujours sale du travail de sa forge, ou Pallas elle-même, terrifiante avec sa Gorgone et sa lance et *dont le regard est toujours menaçant.* Pourquoi Cupidon est-il toujours enfant? Pourquoi? Parce qu'il est folâtre, qu'il ne fait et ne conçoit *rien de sensé.* Pourquoi la beauté de Vénus d'or est-elle un éternel printemps? Évidemment parce qu'elle est ma parente; c'est pour cela que son visage reflète la couleur de mon père et que chez Homère elle est l'*Aphrodite d'or.* Et puis elle sourit toujours, si l'on en croit les poètes et leurs émules les sculpteurs. Quelle divinité les Romains ont-ils plus révéré que Flore la mère de tous les plaisirs? D'ailleurs si l'on étudie avec soin chez Homère et les autres poètes la vie des dieux sévères, on se rendra compte que tout y est plein de folie. Inutile de citer trente-six exemples, puisque vous connaissez les amours et les ébats de ce Jupiter lanceur de foudre, puisque la farouche Diane, oublieuse de son sexe, passe son temps à chasser tout en dépérissant d'amour pour Endymion. J'aimerais mieux que Momus leur disent leurs quatre vérités, comme il en avait jadis l'habitude; mais dernièrement ils se sont fâchés et l'ont

précipité sur terre en même temps qu'Até
parce qu'avec sa sagesse importune il troublait
leur bonheur divin. Pas un mortel ne daigne
offrir son hospitalité à l'exilé et tant s'en faut
qu'il trouve une place à la cour des princes, où
c'est ma chère Kolakie qui tient le premier
rang, elle qui s'accorde avec Momus comme le
loup avec l'agneau. C'est pourquoi depuis
qu'ils l'ont chassé les dieux s'amusent beaucoup plus librement et agréablement, *ils en
prennent à leur aise,* comme dit Homère,
débarrassés de tout censeur. Que de bouffonne-
ries ne leur présente pas ce fameux Priape en
bois de figuier! Quels amusements ne leur
offre pas Mercure avec ses larcins et ses esca-
motages! Vulcain lui-même est le *bouffon*
attitré des festins des dieux et sa boiterie, ses
plaisanteries, ses bêtises font pouffer toute la
table. Et puis il y a Silène, le vieillard amoureux, qui danse la *cordace,* tandis que Polyphème danse le *trétanélo* et les nymphes la
gymnopédie. Les satyres à moitié boucs jouent
des atellanes. Pan, avec une chanson bête, les
fait tous rire et ils aiment mieux entendre ça
que le chant des muses elles-mêmes; surtout
quand ils commencent à être imbibés de nectar.
Et si je vous dis maintenant ce que font les

dieux après le festin quand ils ont bien bu? Par
Hercule, ce sont des choses tellement folles
que moi-même quelquefois je ne peux m'em-
pêcher d'en rire. Mais il vaut mieux là-dessus
se rappeler Harpocrate de peur que quelque
dieu corycéen ne nous entende par hasard
raconter des choses que Momus lui-même n'a
pas pu dire impunément.

XVI

Mais il est temps maintenant, à la façon d'Homère, de quitter les dieux pour revenir sur terre et constater qu'il n'y a ni joie ni bonheur sans mon patronage. Voyez d'abord avec quelle prévoyance la nature, mère et créatrice du genre humain, a pris garde à ce que ne manque nulle part l'assaisonnement de la folie! Et comme la sagesse, selon la définition des Stoïciens, consiste à prendre la raison pour guide, et la folie, au contraire, à se laisser ballotter au gré des passions, pour que la vie des hommes ne soit pas entièrement triste et maussade, Jupiter leur a donné beaucoup plus de passions que de raison, dans la proportion d'un as pour une demi-once. De plus, il a relégué la raison dans un coin étroit de la tête et abandonné tout le reste du corps aux passions. Ensuite, à la raison toute seule, il a opposé pour ainsi dire deux tyrans très violents: la colère, qui tient la citadelle de la poitrine, et même la source de la vie qu'est le cœur, et la concupiscence qui étend largement son empire, jusqu'au bas du pubis. Ce que peut la raison contre ces deux forces réunies, la vie courante des hommes le montre assez, puisqu'elle n'a que le pouvoir de protester jusqu'à s'enrouer et répéter les préceptes de la morale; mais en réponse ils envoient à leur reine la corde pour se pendre et la couvrent d'injures jusqu'à ce que, fatiguée à son tour, elle abandonne et capitule.

Mais comme l'homme, né pour gouverner les choses, devait être gratifié d'un peu plus d'une petite once de raison, Jupiter me consulta sur ce point comme il le fait en toutes choses. J'eus vite fait de lui donner un conseil digne de moi: adjoindre à l'homme la femme, animal évidemment fou et déraisonnable, mais amusant et gracieux, qui, dans la vie domestique, tempérerait et adoucirait par sa propre folie l'humeur chagrine du caractère masculin. Car quand Platon semble se demander où classer la femme, parmi les animaux raisonnables ou parmi les brutes, c'est seulement pour signifier l'insigne folie de ce sexe. Et si par hasard une femme veut passer pour sage, tout le résultat c'est qu'elle devient deux fois plus folle. Autant vaudrait mener un bœuf au gymnase, malgré et contre Minerve, comme on dit. Car on redouble son vice à le maquiller de vertu en dépit de la nature, et à forcer son talent. De même que, selon le proverbe grec, «un singe est toujours un singe», même s'il est habillé de pourpre, de même une femme est toujours une femme, c'est-à-dire une folle, quel que soit le rôle qu'elle joue.

Pourtant je ne crois pas la gent féminine assez folle pour m'en vouloir de lui attribuer la folie, moi qui suis aussi une femme et la Folie même. En effet, si elles examinent correctement la question, elles doivent bien porter au compte de la folie le fait qu'elles sont, à bien des égards, plus heureuses que les hommes. D'abord, elles ont l'avantage de la beauté, qu'elles placent avec raison au-dessus de tout, et qui leur sert à exercer une tyrannie sur les tyrans eux-mêmes. Au reste, d'où vient chez l'homme cet aspect rude, cette peau velue, cette forêt de barbe, cet air de réelle vieillesse, sinon du vice de la sagesse? Tandis que les femmes qui ont les joues toujours lisses, une voix toujours flûtée, la peau douce, sont l'image d'une perpétuelle adolescence. D'ailleurs, que désirent-elles d'autre dans cette vie sinon de plaire le plus possible aux hommes? N'est-ce pas le but de toutes ces toilettes, ces fards, ces bains, ces coiffures, ces crèmes, ces parfums, de ces artifices pour arranger, peindre, refaire le visage, les yeux, la peau? Leur plus grand mérite auprès des hommes n'est-il pas la folie? En effet que n'accordent-ils pas aux femmes et en échange de quoi, sinon du plaisir? Or, le plaisir qu'elles donnent ne vient que de leur folie. On ne niera pas cette vérité si on songe aux inepties qu'un homme dit à une femme, aux extravagances qu'il commet quand il s'est mis en tête de prendre du plaisir avec elle. Vous savez donc maintenant de quelle source coule le premier et le principal divertissement de la vie.

XVIII

Il y a pourtant des hommes, surtout les vieux, qui sont davantage portés sur la boisson que les femmes et placent le plaisir suprême dans la beuverie. Qu'il puisse y avoir un festin réussi sans femmes, à d'autres d'en décider. Mais ce qui est certain, c'est qu'il n'y en a pas d'entièrement agréable sans l'assaisonnement de la folie. C'est pourquoi, à défaut d'un convive qui fasse rire par sa folie, authentique ou feinte, on fait venir un bouffon à gages, ou l'on invite un parasite amusant, dont les saillies comiques, c'est-à-dire folles, chasseront le silence et l'ennui. A quoi bon, en effet, se charger le ventre avec toutes ces confitures, ces friandises, ces pâtisseries, si les yeux, si les oreilles, si l'âme entière ne sont pas nourris aussi de rire, de plaisanteries, de badinage? Or je suis l'ordonnatrice unique de ces desserts. D'ailleurs même ces rites en usage dans les banquets: tirer le roi au sort, jouer aux dés, porter des santés, faire *circuler la bouteille,* se passer le myrte et chanter, danser, faire une pantomime, ce ne sont pas les sept Sages de la Grèce qui les ont inventés mais moi, pour le plus grand bien du genre humain. D'ailleurs toutes ces choses ont ceci de particulier que plus elles contiennent de folie, plus elles profitent à la vie des mortels qui, si elle était triste, ne mériterait évidemment pas le nom de vie. Or, elle serait forcément triste si vous ne faisiez disparaître l'ennui qui la caractérise par des divertissements de ce genre.

Mais peut-être y en a-t-il qui dédaigneront
ce genre de volupté et ne se plairont que dans
l'affection et la fréquentation des amis répétant
que l'amitié doit être placée au-dessus de tout,
qu'elle n'est pas moins nécessaire que l'air, le
feu et l'eau, qu'elle est si délicieuse que la
retrancher de la vie ce serait en retrancher le
soleil, si morale (en admettant que cela soit
pertinent) que même les philosophes ne craignent pas de la mentionner parmi les plus
grands biens. Mais que direz-vous si je démontre que c'est encore moi qui suis la poupe et la
proue d'un si grand bien? Pour vous le prou-
ver, je n'ai pas besoin du crocodile, du sorite
ou du cornu ni d'autres arguties dialectiques de
ce genre; je le démontrerai avec ce qu'on
appelle le gros bon sens, et je vais quasi vous
le faire toucher du doigt. Allons-y. Fermer les
yeux: se méprendre, s'aveugler, s'illusionner
sur les défauts de ses amis, aimer et admirer
des vices éclatants comme des vertus, cela
n'est-il pas à l'évidence proche de la folie? Et
quand l'un couvre de baisers la verrue de son
amie, qu'un autre se délecte du polype de son
Agnelle, quand un père trouve à son fils qui

louche le regard tendre, qu'est-ce que tout cela,
je le demande, sinon de la vraie folie? Mais on
peut bien s'écrier que c'est une triple, une
quadruple folie, il n'en reste pas moins que
c'est la folie seule qui unit les amis et entretient leur amitié. Je parle là des mortels, dont
aucun ne naît sans défauts, le meilleur étant
celui qui a les moins graves. Quant à ces sages
que l'on regarde comme des dieux, ou bien il
ne se noue entre eux aucune amitié ou bien,
s'il s'en forme, c'est une liaison morose et
sans grâces et encore avec un tout petit nombre
(j'ai scrupule à dire: avec personne), étant
donné que la grande majorité des hommes
déraisonnent ou plutôt qu'il n'y en pas un seul
qui ne délire de trente-six façons; or l'amitié
ne se noue qu'entre semblables. S'il arrive
qu'une bienveillance mutuelle rapproche ces
gens austères, elle ne saurait être stable ni très
durable, ce qui n'est pas étonnant chez des
esprits moroses et trop clairvoyants qui discer-
nent les défauts de leurs amis d'un regard aussi
perçant que l'aigle ou le serpent d'Épidaure.
Mais pour leurs propres défauts ils sont aveugles et ne voient pas la besace qui leur pend
dans le dos! Donc puisque la nature humaine
est ainsi faite qu'il n'y en a pas un qui ne soit

exempt de grands défauts, si vous n'y ajoutez toute la différence entre les caractères et les goûts, toutes les méprises, toutes les erreurs, tous les accidents de la vie mortelle, comment les douceurs de l'amitié pourraient-elles durer seulement une heure entre ces Argus sans que s'y ajoute ce que les Grecs appellent admirablement *Enéthia,* qu'on pourrait traduire soit par folie, soit par naïveté? Mais, quoi! Cupidon, créateur et père de tous les liens d'affection n'est-il pas complètement aveugle? De même que *ce qui n'est pas beau lui paraît l'être*, il fait que chacun parmi vous croit beau ce qui lui appartient: le vieux raffole de sa vieille comme le poupon de sa poupée. Ces choses-là se voient partout et on en rit; ce sont pourtant ces ridicules qui font le charme de la vie et le lien de la société.

XX

Ce qu'on vient de dire de l'amitié convient encore mieux au mariage, qui n'est rien d'autre qu'une union indissoluble pour la vie. Dieu immortel! que de séparations ou pire encore que la séparation ne verrait-on partout, si la vie privée de l'homme et de la femme n'avait pour soutiens et pour aliments la flatterie, le badinage, la complaisance, l'erreur, la dissimulation, enfin tous mes satellites. Ah! qu'il se ferait peu de mariages si l'époux s'informait sagement des jeux auxquels a joué bien avant les noces la petite vierge à l'air délicat et pudique. Moins de ménages encore resteraient unis, si la plupart des faits et gestes des épouses n'échappaient à l'insouciance ou à la bêtise du mari. On a bien raison d'attribuer tout cela à la folie, mais c'est grâce à elle que l'épouse plaît à son mari, que le mari plaît à sa femme, que la maison est en paix, que le lien conjugal subsiste. On rit du cocu, du cornard (et que de noms ne lui donne-t-on pas encore?) tandis qu'il sèche de ses lèvres les larmes de l'infidèle. Et pourtant on est plus heureux à s'illusionner de la sorte qu'à se ronger de jalousie et à faire des tragédies à propos de tout.

XXI

Jusque-là, en somme, aucune société, aucune lien vivant ne pourrait être agréable ou durable sans moi; le peuple ne supporterait pas plus longtemps son prince, ni le maître son valet, la suivante sa maîtresse, le précepteur son élève, ni l'ami son ami, l'épouse son mari, l'ouvrier son patron, le camarade son camarade, l'hôte son hôte, s'ils ne se trompaient l'un et l'autre à tour de rôle, ou s'ils ne se flattaient pas réciproquement, ou si sagement ils ne fermaient pas les yeux, ou encore s'ils ne s'apaisaient pas en prenant un peu de miel de la folie. Je sais que cela vous paraît énorme, mais écoutez plus fort encore.

Dites-moi, je vous prie: peut-on aimer quelqu'un quand on se hait soi-même? S'entendre avec autrui si on n'est pas d'accord avec soi-même? Donner du plaisir à quelqu'un si on est pour soi-même pénible et ennuyeux? Pour l'affirmer je crois qu'il faudrait être plus fou que la Folie elle-même. Eh bien, si l'on me chassait, loin de pouvoir supporter les autres, chacun se prendra lui-même en dégoût, méprisera ce qui est à lui, se haïra lui-même. Car la Nature, en bien des cas plus marâtre que mère, a gravé dans l'esprit des mortels, surtout des plus sensés, le mécontentement de soi et l'admiration d'autrui. De là vient que tous les dons, toute l'élégance, tout le charme de la vie s'altèrent et périssent. Car à quoi bon la beauté, le plus inestimable présent des dieux immortels, si elle est contaminée par le vice du dégoût de soi? Et la jeunesse, si elle se corrompt au ferment d'une mélancolie sénile? Enfin, dans chaque tâche de la vie, tendras-tu aussi bien envers toi-même qu'envers autrui, aux convenances (car, dans toute action, et pas seulement dans l'art, le point capital est de respecter ce qui est convenable à ce que tu

fais), si tu n'es pas aidé convenablement par
Philautie, qui me sert à juste titre de sœur,
puisqu'elle joue partout si bien mon rôle. Car
qu'y a-t-il d'aussi fou que de se plaire à soi-
même, de s'admirer soi-même? Et pourtant que
feras-tu de charmant, de gracieux, de convenable si tu es mécontent de toi-même? Supprime
ce sel de la vie, et aussitôt l'orateur et son
discours se refroidissent, le musicien et ses
mélodies ne plaisent plus à personne, le comédien et son jeu sont sifflés, le poète et ses
Muses feront rire, le peintre et son art devien-
dront pitoyables, le médecin, avec ses drogues,
aura faim. Enfin, tu passeras non pour un Nirée mais pour un Thersite, non pour un Phaon
mais pour un Nestor, non pour une Minerve
mais pour une truie, non pour un homme éloquent mais pour un enfant balbutiant, non pour
quelqu'un de policé mais pour un rustre. Tant
il est nécessaire que chacun se fasse compli-
ment et se recommande d'abord à lui-même
par quelque cajolerie avant de pouvoir être
recommandé à d'autres.

En fin de compte, puisque la plus grande
part de bonheur consiste à vouloir être ce que
l'on est, ma chère Philautie se charge évidemment de tout, en faisant que nul ne soit mécon-

tent de sa beauté, ni de son intelligence, ni de sa naissance, ni de son rang, ni de son éducation, ni de sa patrie, si bien qu'un Irlandais ne voudrait pas en changer avec un Italien, ni un Thrace avec un Athénien, ni un Scythe avec un habitant des Iles Fortunées. O singulière sollicitude de la Nature d'avoir faites égales entre elles des choses d'une telle diversité! Là où elle a été un peu avare de ses dons, elle ajoute un petit supplément de Philautie; mais je parle comme une folle, puisque ce don-là est justement le plus grand de tous.

Je dirai maintenant qu'il n'est aucune action d'éclat que je n'inspire, pas d'art noble qui n'ait été inventé sans mon autorité.

XXIII

Le champ et la source de tous les exploits
que l'on chante, n'est-ce pas la guerre? Or
quoi de plus fou que d'engager, pour je ne sais
quelles raisons, une lutte dont les deux parties
retirent toujours plus de mal que de bien? Car
ceux qui tombent sont comme les gens de
Mégare, *ils ne comptent plus*. Mais quand, de
part et d'autre, les armées bardées de fer ont
pris position, et que retentit le chant rauque des
trompettes, à quoi servent, je vous le demande,
ces sages épuisés par l'étude qui ont du mal à
tirer un souffle de leur sang appauvri et froid?
Il faut des hommes gros et gras, pourvus de la
plus grande audace et d'un minimum d'intelligence. A moins qu'on ne préfère un soldat
comme Démosthène qui, docile au conseil
d'Archiloque, jeta son bouclier pour fuir, dès
qu'il aperçut l'ennemi, se montrant aussi lâche
soldat qu'il avait été sage orateur? Mais, dit-
on, à la guerre l'intelligence est très importante
pour le chef; je l'accorde, encore est-ce celle
d'un soldat et non d'un philosophe. Pour le
reste ce sont des parasites, des souteneurs, des
voleurs, des brigands, des paysans, des abrutis,
des gens couverts de dettes et la lie des mor-

tels de cet acabit qui mènent à bien une aussi
noble entreprise, et non des philosophes qui
veillent sous la lampe.

A quel point ces derniers sont inaptes à toutes les choses de la vie, Socrate que l'oracle d'Apollon a proclamé — fort peu sagement — le sage par excellence, le prouve assez: il avait voulu débattre en public de je ne sais quel sujet, mais dut se retirer sous la risée générale. D'ailleurs cet homme ne manque pas de sagesse lorsqu'il refuse le titre de sage qu'il réserve à Dieu seul et quand il conseille au sage de ne pas se mêler des affaires publiques. Mais il aurait mieux fait d'exhorter quiconque veut être considéré comme un être humain à s'abstenir de sagesse. Ensuite, accusé, qu'est-ce qui le condamna à boire la ciguë sinon la sagesse? Car tandis qu'il philosophait sur les nuages, sur les idées, qu'il mesurait les pattes d'une puce et admirait le bourdonnement du moucheron, il n'a rien appris des réalités de la vie ordinaire. Mais voici Platon, son disciple, venant au secours de son maître en danger de mort. Un grand avocat, certes, qu'ahurit le bruit de la foule et qui peut à peine prononcer la moitié d'une belle période. Et que dire de Theophraste qui, étant monté à la tribune, resta soudain muet comme s'il avait vu le loup!

Comment aurait-il été capable d'animer des
soldats à la guerre? Isocrate, par timidité
naturelle, n'osa jamais ouvrir la bouche. Mar-
cus Tullius, le père de l'éloquence romaine,
disait toujours son exorde avec un tremblement
pénible, comme un enfant qui sanglote. Quintilien y voit la marque de l'orateur intelligent et
conscient du danger. Mais parler ainsi, n'est-ce
pas avouer clairement que la sagesse nuit au
succès? Que feront ces pauvres gens dans une
affaire qui se règle à l'épée, eux qui meurent
d'effroi lorsqu'il s'agit de se battre avec de
simples mots?

Et après cela, s'il plaît aux dieux, qu'on
vante la fameuse maxime de Platon: les répu-
bliques seront heureuses si les philosophes y
gouvernent ou si les gouvernants sont philosophes. Au contraire, si vous consultez les histo-
riens, vous verrez qu'il n'y a jamais eu de
princes plus néfastes pour la république que
lorsque le gouvernement est tombé aux mains
d'un soi-disant philosophe ou d'un homme de
lettres. De quoi font assez foi, je crois, les
Caton: l'un, par ses dénonciations insensées a
bouleversé la tranquillité de la république,
l'autre, pour avoir défendu avec trop de sagesse la liberté du peuple romain l'a ruinée de
fond en comble. Ajoutez-leur les Brutus, les
Cassius, les Gracques et Cicéron lui-même, qui
ne fut pas moins funeste à la république des
Romains que Démosthène à celle des Athé-
niens. Quant à Antonin, admettons qu'il ait été
un bon empereur, je pourrais pourtant le con-
tester, puisque son zèle pour la philosophie l'a
rendu insupportable et odieux aux citoyens;
admettons toutefois qu'il ait été un bon empereur; en tout cas, il fit plus de mal à la république en lui laissant un tel fils qu'il ne lui avait
fait de bien par son administration. Si les
hommes qui se sont donnés à l'étude de la

sagesse sont généralement malheureux, surtout
dans leur progéniture, je pense que c'est parce
que la nature, dans sa prévoyance, veille à ce
que la contagion de la sagesse ne se répande
pas trop parmi les mortels. C'est ainsi que
Cicéron, comme on sait, eut un fils dégénéré et
les enfants du sage Socrate, comme le fait
remarquer justement un écrivain, ressemblaient
plus à leur mère qu'à leur père, c'est-à-dire
qu'ils étaient fous.

XXV

On passerait encore à ces gens-là d'être dans les charges publiques comme *des ânes jouant de la lyre,* mais ils sont aussi maladroits dans tous les autres actes de la vie. Conviez un sage à un bon repas, il le troublera par son morne silence ou ses questions déplacées. Invitez-le au bal, vous croirez voir un chameau danser. Entraînez-le au spectacle, son seul visage empêchera le peuple de s'amuser et le sage Caton sera forcé de quitter le théâtre, faute d'avoir pu se dérider le sourcil. S'il survient dans une conversation, c'est l'arrivée du loup de la fable. S'agit-il d'un achat, d'un contrat, bref, d'un de ces actes nécessaires au cours ordinaire de la vie? Votre sage a plutôt l'air d'une bûche que d'un homme. Ainsi ne peut-il être utile ni à lui-même, ni à sa patrie, ni aux siens dans la moindre circonstance, car il ignore tout des réalités les plus élémentaires et il est à mille lieues de l'opinion commune et des usages courants. Il est donc fatal qu'il soit détesté pour être aussi différent des autres par sa manière de vivre et de penser. En effet, tout ce qui se fait chez les mortels est plein de folie, fait par des fous, devant des fous. S'il en est un qui veuille s'opposer à tous les autres, je lui conseillerai de faire comme Timon, de partir dans un désert pour y jouir seul de sa sagesse.

Mais pour revenir à ce que je disais tout d'abord, quelle force a réuni en société ces hommes qui étaient des rocs, des chênes, des sauvages, sinon la flatterie. La lyre d'Amphion et d'Orphée n'a pas d'autre sens. Qui a ramené à la concorde la plèbe romaine prête aux dernières violences? Est-ce un discours philosophique? Pas du tout. Mais un apologue risible et puéril sur les membres et l'estomac. Themistoclès obtint le même succès avec un apologue de ce genre, sur le renard et le hérisson. Quel discours d'un sage aurait eu autant d'effet que la biche imaginée par Sertorius, ou les deux chiens de Lycurgue, ou la plaisante histoire de Sertorius, déjà nommé, sur la manière d'arracher les crins à la queue d'un cheval? Et je ne parle pas de Minos et de Numa, qui tous deux gouvernèrent une folle multitude à l'aide d'inventions fabuleuses. C'est par des niaiseries de ce genre qu'on mène cette bête énorme et puissante qu'est le peuple.

En revanche, quelle cité a jamais adopté les lois de Platon ou d'Aristote, ou les dogmes de Socrate? Et qu'est-ce qui a persuadé les Decius de se dévouer spontanément aux dieux Mânes? Qu'est-ce qui a entraîné Curtius dans le gouffre, sinon la vaine gloire, cette sirène charmeuse, mais condamnée de façon étonnante par nos pauvres sages? «Y a-t-il de plus fou, disent-ils, que les bassesses d'un candidat qui flatte le peuple, achète sa faveur par des dons, part à la chasse aux applaudissements de tant de fous, aime à être acclamé, se fait porter en triomphe, comme une idole que l'on montre au peuple, ou se dresse en statue de bronze sur le forum?» Ajoutez-y les noms et les surnoms d'emprunt, les honneurs divins rendus à un avorton, les cérémonies publiques où les tyrans les plus criminels sont mis au rang des dieux. Tout cela est de la pure folie et un seul Démocrite ne suffirait pas pour en rire. Qui pourrait le nier? Pourtant c'est de cette source que sont nés les exploits des héros portés aux nues par tant d'écrivains éloquents. C'est cette folie qui engendre les cités, c'est par elle que se maintiennent les empires, les magistratures, la religion, les conseils, les tribunaux, et la vie humaine n'est rien qu'un jeu de la folie.

XXVIII

Pour parler maintenant des arts, qu'est-ce qui a poussé l'esprit de l'homme à concevoir et à transmettre à la postérité tant de disciplines qui passent pour admirables, sinon la soif de gloire? C'est à force de veilles et de sueurs, que des hommes vraiment complètement fous ont cru acheter je ne sais quelle renommée qui est bien ce qu'il y a de plus vain. Mais en attendant c'est à la Folie que vous devez toutes ces commodités de la vie et, ce qui est infiniment agréable, vous profitez de l'insanité d'autrui.

XXIX

Maintenant que j'ai revendiqué pour moi le mérite de la bravoure et celui de l'ingéniosité, que direz-vous si je revendique aussi celui du bon sens? Eh quoi, s'écriera-t-on, autant vaudra marier l'eau et le feu! Pourtant, cette fois encore, je pense y réussir, si toutefois vous continuez à me prêter une oreille et une attention favorables.

D'abord si le bon sens repose sur l'expérience, à qui convient le mieux «l'honneur de ce nom»? Est-ce au sage qui tant par modestie que par timidité n'entreprend rien ou au fou, qui ignore la modestie, puisqu'il n'en a pas, ni le danger puisqu'il l'ignore, et qu'aucune chose n'arrête? Le sage se réfugie dans les livres des Anciens où il n'apprend que de pures arguties de langage. Le fou aborde les réalités et en fait l'épreuve de près; il acquiert par là, si je ne me trompe, le véritable bon sens. C'est ce qu'Homère paraît avoir bien vu, tout aveugle qu'il était, quand il dit: «Le fou s'instruit à ses dépens.» Il y a en effet deux obstacles principaux qui empêchent de parvenir à la connaissance des choses: l'hésitation, qui répand une fumée sur l'esprit, et la crainte, qui à la vue du

péril vous détourne d'agir. Mais la Folie vous
en délivre à merveille. Peu de mortels comprennent les nombreux avantages qu'il y a à
être sans hésitation et à tout oser.

 Mais si on fait consister, de préférence, le
bon sens dans la juste appréciation des choses,
écoutez je vous prie, combien en sont loin
ceux qui se vantent de la posséder. D'abord,
c'est un fait que toutes les choses humaines à
la manière des silènes d'Alcibiade, ont deux
faces tout à fait différentes. Ainsi ce qui à
première vue est la mort, est la vie si vous
regardez plus à l'intérieur des choses. Ce qui
était la vie, est la mort; ce qui était beau, laid;
l'opulence cache l'indigence; l'infamie, la
gloire; le savoir, l'ignorance; la force, faibles-
se; la noblesse, l'obscurité; la joie, chagrin; la
prospérité, disgrâce; l'amitié, inimitié; le
remède, le poison; bref, si vous ouvrez le
silène vous verrez soudain tout inversé. Si, par
hasard, vous trouvez que c'est dit d'une façon
trop philosophique, je vais l'expliquer plus
simplement, en invoquant, comme on dit, une
Minerve plus terre à terre. Tout le monde
admet qu'un roi est un être riche et puissant.
Mais s'il ne possède aucun des biens de l'âme,
s'il n'est content de rien, il est même très

pauvre. Si son âme est enchaînée à des vices sans nom, il est le plus vil des esclaves. On pourrait ainsi philosopher sur les autres points, mais cet exemple suffit. «Où veux-tu en venir?» dira-t-on. Je veux en venir à ceci, écoutez. Si, en pleine représentation, quelqu'un essaie d'enlever leur masque à des acteurs pour montrer aux spectateurs leur vrai visage au naturel, ne gâche-t-il pas toute la pièce? Et ne mérite-t-il pas qu'on le chasse du théâtre, à coups de pierres, comme un malade mental? Car on verrait tout à coup se révéler une nouvelle face des choses; celle qui était tout à l'heure une femme est maintenant un homme, l'adolescent est un vieillard. Qui il y a un instant, était roi, est devenu subitement un Dama; qui était Dieu se révèle tout à coup un pauvre hère. Mais effacer l'illusion, c'est détruire la pièce. C'est justement cette fiction et ce maquillage qui fascinent les spectateurs. Or toute la vie des mortels est-ce autre chose qu'une pièce de théâtre où chacun s'avance masqué et joue son rôle jusqu'à ce que le chorège l'invite à sortir de la scène? Il fait d'ailleurs souvent jouer au même acteur des rôles opposés, et tel qui paraissait jouer sous la pourpre d'un roi, paraît maintenant sous les

haillons d'un petit esclave. Certes, tout est
travesti, mais la comédie de la vie ne se joue
pas autrement. Ici, supposons qu'un sage
descende du ciel et vienne subitement crier:
«Cet individu admiré de tout le monde, révéré
comme un dieu et un maître, n'est même pas
un homme puisque, comme l'animal, il obéit à
ses passions et qu'il est un esclave de la plus
basse sorte pour s'être asservi spontanément à
des maîtres si nombreux et si vils. Cet autre,
qui pleure son père défunt, devrait se réjouir
puisque ce père a enfin commencé à vivre, la
vie terrestre n'étant qu'une sorte de mort.
Celui-là, qui tire gloire de son arbre généalogi-
que, n'est qu'un vilain et un bâtard parce qu'il
est à mille lieues de la vertu, seule source de
noblesse. Si ce sage parle de tous les autres de
la sorte, que lui arrivera-t-il, sinon de passer
aux yeux de tous pour un fou furieux? Si rien
n'est plus fou qu'une sagesse intempestive,
rien n'est plus maladroit qu'un bon sens à
contre-temps. C'est agir à contre-temps que de
ne pas s'adapter aux circonstances présentes,
ne pas se plier aux usages, ne pas se rappeler
au moins cette grande loi des banquets: «Bois
ou va-t'en!», et demander que le théâtre ne soit
plus du théâtre. Au contraire, le véritable bon

sens, pour toi qui n'es qu'un homme, c'est de ne pas vouloir une sagesse plus qu'humaine, c'est de se plier de bon gré à l'avis de la multitude, ou de se tromper complaisamment avec elle. Mais c'est justement cela la folie, disent-ils. Je ne dis pas le contraire, pourvu qu'ils conviennent en retour que c'est cela jouer la comédie de la vie.

XXX

Pour le reste, dieux immortels, dois-je parler ou me taire? Et pourquoi taire ce qui est plus vrai que la vérité? Mais peut-être sur un sujet aussi grave serait-il préférable de faire venir de l'Hélicon les Muses que les poètes appellent si souvent pour de pures bagatelles. Aidez-moi donc un instant, fille de Jupiter, le temps de montrer que nul ne peut accéder à cette fameuse sagesse, citadelle, dit-on, de la félicité, s'il n'a pas la Folie pour guide.

D'abord, il est admis que toutes les passions relèvent de la folie. On distingue le fou du sage à ce signe que l'un est guidé par la passion, l'autre par la raison. Aussi les Stoïciens écartent-ils du sage toutes les passions comme autant de maladies; pourtant ces passions non seulement servent de pilotes à ceux qui se pressent pour atteindre le port de sagesse, mais elles sont aussi là, dans la pratique de la vertu, comme des éperons, des aiguillons, pour encourager à faire le bien. Sénèque, deux fois stoïcien, va protester avec véhémence lui qui défend absolument au sage toute passion. Mais ce faisant, ce n'est plus un homme qu'il laisse subsister, il *crée* plutôt une espèce de

dieu d'un genre nouveau, qui n'a jamais existé
nulle part, et jamais n'existera. Pour parler plus
clairement, il a fabriqué une statue de marbre
à l'image de l'homme, stupide et parfaitement
étrangère à tout sentiment humain. Donc si
cela leur chante, qu'ils profitent de leur sage
tant qu'ils voudront, qu'ils l'aiment sans craindre de rival et qu'ils aillent habiter avec lui la
république de Platon, ou, s'ils préfèrent, la
région des Idées, ou les jardins de Tantale. Qui
ne fuirait avec horreur, comme un monstre ou
un fantôme, un homme de cette espèce, sourd
à tous les sentiments naturels, pas plus ému de
la moindre passion, serait-ce l'amour ou la
pitié, «que s'il était de dur silex ou de marbre
de Paros», un homme à qui rien n'échappe, qui
ne se trompe jamais parce que, nouveau Lyncée, il voit tout, qui mesure tout au cordeau, ne
pardonne rien, qui n'est content que de lui-
même, le seul riche, le seul bien portant, le
seul roi, le seul homme libre, bref: le seul qui
soit tout, mais le seul de cet avis; qui ne veut
pas d'ami, n'est lui-même l'ami de personne,
qui n'hésite pas à envoyer se faire pendre les
dieux eux-mêmes, qui condamne tout ce qui se
fait dans quelque vie que ce soit et s'en moque
comme d'une folie? Pourtant un tel animal est

le fameux sage parfait. Dites-moi, si l'on allait aux voix, quelle cité voudrait d'un magistrat de cette sorte? Quelle armée souhaiterait un tel chef? Et même, quelle femme souhaiterait ou accepterait ce genre de mari, quel hôte un tel convive, quel valet un maître ainsi fait? Qui ne préférerait le premier venu dans la masse des fous les plus fous, car étant fou il serait capable de commander à des fous, ou leur obéir, plaire à ses semblables, donc au plus grand nombre, être aimable avec sa femme, charmant avec ses amis, bon convive, compagnon facile à vivre, enfin considérant que rien d'humain ne lui est étranger? Mais cela fait assez longtemps que ce sage m'ennuie; passons à des choses plus agréables.

XXXI

Supposons donc qu'on regarde du haut d'un observatoire élevé, comme Jupiter le fait parfois au dire des poètes, afin de voir tous les malheurs auxquels est soumise la vie des hommes, leur naissance misérable et sordide, la difficulté de leur éducation, les dangers auxquels est exposée leur enfance, les sueurs auxquelles est vouée leur jeunesse, leur vieillesse pénible, la dure nécessité de la mort; et tout au long de la vie, les bataillons de maladies qui les assaillent, les accidents qui les menacent, les malheurs qui fondent sur eux, enfin rien qui ne soit pas plein de fiel, sans parler des maux que l'homme fait à l'homme: pauvreté, prison, déshonneur, honte, torture, embûches, trahison, injures, procès, fraudes. Mais là ce serait vouloir *compter les grains de sable*! Quelles fautes les hommes ont-ils faites pour mériter tout cela, quel dieu dans sa colère les a contraints de naître pour ces misères, je n'ai pas à vous le dire présentement. Mais en réfléchissant à tout cela, ne serait-on pas tenté d'approuver l'exemple des filles de Milet, tout déplorable qu'il soit? D'ailleurs quels sont

principalement ceux qui, par dégoût de la vie,
ont attenté à leurs jours? Ne sont-ils pas les
familiers de la sagesse? Parmi eux, sans parler
maintenant des Diogène, des Xénocrate, des
Caton, des Cassius et des Brutus, le fameux
Chiron qui pouvait être immortel, préféra la
mort. Vous voyez, je pense, ce qui arriverait si
les hommes étaient tous sages: il faudrait
assurément une nouvelle argile et tout l'art
d'un nouveau Prométhée pour la modeler. Mais
moi, à l'aide de l'ignorance, de l'étourderie,
quelquefois de l'oubli des maux, parfois de
l'espoir du bonheur, ou en versant un peu de
miel sur leurs plaisirs, je viens si bien au
secours de leurs grandes misères qu'ils ont de
la peine à quitter la vie, même quand le fil des
Parques est dévidé, et que la vie les abandonne
depuis longtemps; moins ils ont de motifs pour
rester en vie, plus ils tiennent à la vie, tant
s'en faut qu'elle les dégoûte.

Tous ces vieillards aussi âgés que Nestor
que vous voyez partout ayant perdu toute
forme humaine, balbutiant, radotant, édentés,
chenus, chauves ou, pour mieux les décrire
avec les mots d'Aristophane *malpropres,
voûtés, misérables, décrépits, sans cheveux ni
dents ni sexe*, c'est un effet de ma générosité

s'ils prennent un tel plaisir à la vie, s'ils font tout pour se rajeunir; l'un teint ses cheveux blancs, l'autre cache sa calvitie sous une perruque, celui-ci se sert de dents, peut-être empruntées à un pourceau, celui-là se meurt d'amour pour une pucelle et surpasse même en inepties amoureuses n'importe quel jeunet. On voit des moribonds qui ont déjà un pied dans la tombe épouser un tendron, même sans dot et qui servira à d'autres; le cas est si fréquent qu'on s'en fait presque gloire. Mais il est encore plus plaisant de voir des vieilles déjà mortes de vieillesse, si cadavéreuses qu'on pourrait les croire revenues des Enfers, et qui n'ont que ce mot: *Que la vie est belle!* Elles sont encore comme des chiennes en chaleur et même, comme disent les Grecs, *en rut,* elles font entrer chez elles à prix d'or un Phaon, se fardent sans relâche, ne quittent jamais leur miroir, épilent leur forêt du bas ventre, exhibent des mamelles flasques et flétries, sollicitent d'une plainte chevrotante un désir qui languit, boivent, se mêlent aux danses des jeunes filles, écrivent des billets doux. Tout le monde en rit pour ce qu'elles sont: complètement folles. En attendant elles sont contentes d'elles-mêmes, plongées dans les plus grandes

délices, se vautrent dans le miel et, grâce à
moi, sont heureuses. A ceux qui les trouvent
ridicules, je conseillerais d'examiner s'il ne
vaut pas mieux mener une vie de miel grâce à
la folie que de chercher, comme on dit, la
poutre pour se pendre? D'ailleurs, si leur
conduite est communément jugée infâme, cela
ne touche pas mes fous qui sont insensibles à
ce malheur ou, s'ils le ressentent, n'y font
guère attention. Recevoir une pierre sur la tête,
voilà un vrai malheur. Mais pour le reste,
honte, infamie, opprobres, injure, ce sont des
maux qu'autant qu'on les ressent. Quel tort te
font les sifflets du peuple entier du moment
que l'on s'applaudit soi-même? Or, seule la
Folie rend la chose possible.

pub° =
état de nature

XXXII

Mais je crois entendre les philosophes
protester. «Mais non, disent-ils, c'est justement
cela le malheur: être tenu par la folie, vivre
dans l'erreur, l'illusion, l'ignorance.» Pas du
tout: c'est être homme. Pourquoi appellent-ils
cela un malheur, je ne le vois pas, puisque
vous êtes nés ainsi, telle est votre éducation,
telle votre condition et que c'est le sort commun. Or il n'y a rien de malheureux de rester
conforme à sa nature, à moins par hasard
qu'on trouve l'homme à plaindre parce qu'il ne
peut voler comme les oiseaux ni marcher à
quatre pattes comme les autres animaux et
qu'il n'est pas armé de cornes comme les
taureaux. Mais alors on appellera aussi malheureux même un magnifique cheval parce qu'il
n'a pas appris la grammaire et ne mange pas
de gâteaux, et misérable le taureau parce qu'il
ne peut pas faire de la gymnastique! Donc de
même qu'un cheval ignorant de la grammaire
n'est pas misérable, de même un homme fou
n'est pas malheureux, parce que la folie tient
à sa nature. Mais les beaux parleurs reviennent
à la charge: «La connaissance des sciences a
été donnée particulièrement à l'homme afin

qu'il comprenne par son intelligence ce que la
nature lui refuse.» Comme s'il était tant soit
peu vraisemblable que la Nature, qui veille
avec tant de soin sur les moucherons, et même
sur les herbes et les fleurettes, n'ait sommeillé
qu'avec l'homme seul, si bien qu'il aurait
besoin des sciences; en fait, celles-ci ont été
inventées pour sa perte par le génie Theut,
l'ennemi du genre humain et elles sont si peu
utiles à son bonheur qu'elles nuisent à la
finalité même pour laquelle on prétend qu'elles
ont été spécialement inventées comme le
démontre élégamment chez Platon un roi très
sage à propos de l'invention de l'écriture. Les
sciences se sont donc introduites avec les
autres fléaux de la vie humaine; elles ont pour
auteur ceux dont viennent toutes les turpitudes,
c'est-à-dire les démons, qui tirent d'ailleurs
leur nom de là: on les appelle *daémons,* c'est-
à-dire «ceux qui savent». La race simple de
l'âge d'or, dépourvue de toute science, vivait
sans autre guide que l'instinct de Nature. Car
quel besoin avait-on de la grammaire quand il
n'y avait qu'une langue et qu'on ne demandait
rien d'autre à la parole que de se faire comprendre? Quelle aurait été l'utilité de la dialectique quand il n'y avait pas de lutte entre

opinions rivales? Quelle aurait été la place de
la rhétorique quand nul ne cherchait chicane à
autrui? A quoi bon la jurisprudence en l'absence de mauvaises mœurs, d'où sont nées,
sans nul doute, les bonnes lois? Puis on était
trop religieux pour scruter avec une curiosité
impie les arcanes de la Nature, la dimension
des astres, leurs mouvements, leurs influences,
et les ressorts cachés du monde; on estimait
sacrilège qu'un mortel cherche à savoir au-
dessus de sa condition. Quant à s'enquérir de
ce qui est au-delà du ciel, cette démence ne
venait même pas à l'esprit. Cependant, à
mesure que disparaissait la pureté de l'âge
d'or, les arts, comme je l'ai dit, furent tout
d'abord inventés par de mauvais génies, mais
en petit nombre et eurent peu d'adeptes. Ensuite, la superstition des Chaldéens et l'oisive
frivolité des Grecs en ajoutèrent une multitude
qui devinrent des tortures pour l'esprit, à telle
enseigne que la grammaire à elle seule suffit
bien à faire le supplice de toute une vie.

XXXIII

D'ailleurs parmi ces sciences elles-mêmes, les plus estimées sont celles qui se rapprochent le plus du sens commun, c'est-à-dire de la folie. Les Théologiens ont faim, les Physiciens ont froid, les Astrologues sont ridiculisés, les Dialecticiens méprisés. Mais à lui seul «le médecin vaut beaucoup d'hommes». Et dans cette catégorie plus on est ignorant, aventureux, irréfléchi, plus on est apprécié, même chez ces pauvres princes portant collier. Pourtant la médecine, surtout telle qu'elle est exercée en général aujourd'hui n'est assurément qu'une branche de la flatterie, exactement comme la rhétorique. Après eux viennent immédiatement les juristes, et encore ne suis-je pas sûre qu'ils ne sont pas en tête, quand leur profession, sans vouloir donner mon opinion, est tournée en ridicule par les philosophes unanimes qui la considèrent comme une ânerie. Néanmoins, c'est au gré de ces ânes que se traitent les grandes et les petites affaires. Leurs terres s'agrandissent, tandis que le théologien, après avoir compulsé toutes les archives de la science divine, grignote du lupin en faisant une guerre incessante aux punaises et aux poux.

Donc de même que les arts les plus favorisés
sont ceux qui ont la plus grande affinité avec
la folie, pareillement les hommes de beaucoup
les plus favorisés sont ceux qui ont su s'abstenir de tout commerce avec les sciences pour se
laisser guider par la seule nature, laquelle n'est
en défaut nulle part, à moins qu'on ne veuille
sortir des limites de la condition humaine. La
nature déteste le maquillage et il n'est rien de
mieux que ce qui n'a pas été profané par l'art.

XXXIV

Tenez, ne voyez-vous pas que dans la totalité du règne animal les espèces les plus heureuses sont celles qui ignorent absolument toute science et ne reconnaissent d'autre maître que la nature? Quoi de plus heureux ou de plus merveilleux que les abeilles? Pourtant elles n'ont même pas tous les sens. L'architecture peut-elle les égaler dans la construction d'édifices? Quel philosophe a jamais fondé semblable république? Au contraire, le cheval dont les sens ont une affinité avec ceux des hommes et qui est passé dans leur camp, participe aussi aux misères humaines: souvent, par honte d'être vaincu à la course il s'exténue, et à la guerre, cherchant le triomphe, il est percé de coups et mord la poussière avec son cavalier. Et je ne parle pas de la dureté du mors, des éperons acérés, de cette prison qu'est l'écurie, du fouet, du bâton, des brides, du cavalier, bref de toute cette tragédie d'une servitude à laquelle il s'est soumis volontairement lorsqu'il a voulu, à l'exemple des héros, tirer vengeance à tout prix de l'ennemi. Combien est plus enviable l'existence des mouches et des oiseaux qui vivent du temps qui passe et du seul

instinct de nature si les pièges des hommes le
leur permettent. Dès qu'ils sont mis en cage,
s'habituant à émettre des sons humains, il est
étonnant de voir comme ils perdent leur éclat
naturel. Tous les ouvrages de la nature l'emportent en tous points sur les travestissements
de l'art. Par conséquent je ne saurais jamais
assez louer le fameux coq de Pythagore, qui,
après avoir été à lui seul, philosophe, homme,
femme, roi, particulier, poisson, cheval, gre-
nouille, je crois même éponge, jugea qu'il n'y
avait pas d'animal plus calamiteux que l'homme, parce que tous se contentent des limites de
leur nature, tandis que lui seul il s'efforce de
franchir les bornes de sa condition.

XXXV

De même parmi les hommes il place les
ignorants bien au-dessus des savants et des
puissants; et Gryllus fut bien plus sage que
l'astucieux Ulysse quand il préféra grogner
dans une soue plutôt que d'affronter avec lui
tant de hasards malheureux. Homère, le père
des fables, ne me paraît pas être d'un autre
avis, qui traite tous les mortels de *misérables
et infortunés,* et appelle fréquemment Ulysse,
son modèle de sagesse, *un malheureux,* mais
jamais Pâris, Ajax ou Achille. Et pourquoi,
sinon parce que ce personnage rusé et ingénieux ne faisait rien sans le conseil de Pallas,
qu'il était trop sage et s'écartait le plus possible du chemin de la nature? Donc parmi les
mortels les plus éloignés du bonheur sont ceux
qui s'appliquent à la sagesse, deux fois fous
par le fait qu'étant nés hommes, ils oublient
leur condition, ils aspirent à la vie des dieux
immortels, et, à l'exemple des géants, font la
guerre à la nature munis des armes de la
science; de même les moins malheureux sont
ceux qui se rapprochent le plus de l'animalité
et de la stupidité et n'entreprennent rien qui
soit au-dessus de l'homme. Essayons de le

démontrer encore non pas par des enthymèmes stoïciens, mais par un exemple grossier.

les ignorants & benis

Par les dieux immortels, y a-t-il plus heureux que cette espèce d'hommes qu'on appelle vulgairement bouffons, fous, sots, innocents, les plus beaux des noms à mon avis? Au premier abord j'ai peut-être l'air de dire une chose folle et absurde; c'est pourtant rigoureusement vrai. D'abord ils ignorent la crainte de la mort, qui, par Jupiter, n'est pas une petite misère. Ils ignorent les remords de conscience. Ils ne sont pas terrifiés par des histoires de revenants. Ils ne sont pas épouvantés par les spectres et les lémures, ni torturés par la crainte des maux qui les menacent, ni écartelés par l'espérance des biens à venir.

Bref, ils ne sont pas déchirés par les mille tourments auxquels cette vie est en butte. Ils ignorent la honte, la crainte, l'ambition, l'envie, l'amour. Enfin, s'ils parviennent à l'inconscience des bêtes brutes, ils ne commettent même plus de péché, selon les théologiens.

Maintenant, sage plein de folie, je voudrais que tu comptes avec moi tous les soucis qui jour et nuit tourmentent ton esprit, que tu réunisses en un seul tas tous les ennuis de ta vie, et tu comprendras enfin de combien de misères j'ai affranchi mes fous. Ajoutez-y que non seulement ils ne font que jubiler, s'amuser, chantonner, rire, mais de plus ils apportent à tous, partout où ils vont, le plaisir, le jeu, l'amusement et le rire, comme si la bienveillance des dieux les avait destinés à égayer la tristesse de la vie humaine. Aussi, tandis que les gens ont les uns envers les autres des sentiments divers, tout le monde les reconnaît également pour des amis, les recherche, les régale, les choie, les entoure, les secourt s'il arrive quelque chose, leur permet de dire ou de faire n'importe quoi impunément. On désire si peu leur nuire que même les bêtes sauvages s'abstiennent de leur faire du mal, les sentant d'instinct inoffensifs. Car ils sont véritablement

consacrés aux dieux, en particulier à moi; ce
n'est donc pas à tort qu'on les respecte univer-
sellement.

XXXVI

N'oublions pas que les plus grands rois ont tant de plaisir en leur compagnie que plusieurs ne sauraient ni se mettre à table, ni se promener, ni même passer ne serait-ce qu'une heure sans eux. Ils préfèrent de beaucoup ces fous à leurs sages austères que certains, pourtant, entretiennent par vanité. La raison de cette préférence n'a rien d'obscur ni d'étonnant, je crois, puisque ces sages n'apportent aux princes que tristesse et que, pleins de leur savoir, ils ne craignent pas quelquefois de blesser les oreilles délicates par une vérité mordante. Tandis que les bouffons offrent la seule chose que les princes recherchent partout et à tout prix: jeux, sourires, fous-rires, plaisirs. Remarquez aussi que les fous possèdent un don, qui n'est pas à dédaigner: seuls ils sont francs et véridiques. Or, quoi de plus louable que la vérité? Bien que chez Platon un proverbe d'Alcibiade attribue la vérité au vin et à l'enfance, c'est tout de même à moi surtout qu'en revient l'honneur, Euripide en est témoin, qui a dit de moi ce mot fameux: *le fou dit des folies.* Tout ce que le simple d'esprit a dans le cœur, il le montre sur son visage et l'exprime dans ses paroles. Mais les sages, eux, ont deux langues, comme le rappelle encore Euripide: avec l'une ils disent le vrai, avec l'autre ce qu'ils jugent opportun. Ils savent changer le noir en blanc, souffler de la même bouche pareillement le froid et le chaud, avoir une pensée au cœur et en feindre une toute autre en paroles.

Aussi au milieu de toute leur félicité, les princes me paraissent très malheureux: ils n'ont personne de qui entendre la vérité, et ils sont forcés d'avoir des flatteurs en guise d'amis. On me dira que les oreilles des princes ont horreur de la vérité et que s'ils fuient les sages c'est précisément de crainte que d'aventure il y en ait un d'assez franc pour oser dire le vrai plutôt que l'agréable. C'est un fait, les rois détestent la vérité. Pourtant, il se passe quelque chose d'étonnant avec mes sots: les rois les entendent avec plaisir dire non seulement la vérité, mais encore ouvertement des critiques, au point que les mêmes paroles qui, dans la bouche d'un sage, vaudraient la mort, causent un plaisir incroyable proférées par un bouffon. C'est qu'il y a dans la vérité un pouvoir inné de plaire si l'on n'y ajoute rien d'offensant; mais ce don, les dieux l'ont ré-

servé aux fous. C'est à peu près pour les
mêmes raisons que ce genre d'homme plaît
tellement aux femmes, car elles sont naturellement portées aux plaisirs et aux frivolités.
Aussi quoi qu'ils tentent avec elles, même si
c'est quelquefois très sérieux, elles le prennent
pour un jeu et une plaisanterie, tant ce sexe est
ingénieux, surtout pour voiler ses fautes.

XXXVII

Donc pour en revenir à la félicité des fous,
après avoir passé toute leur vie allègrement,
sans crainte ni conscience de la mort, ils s'en
vont tout droit aux Champs Élysées, et là ils
divertiront par leurs facéties les âmes pieuses
et oisives. Prenons à présent n'importe quel
humain, même un sage, et comparons son sort
avec celui de ce bouffon. Supposons que vous
lui opposiez un exemple de sagesse, un homme
qui a consumé toute son enfance et sa jeunesse
à étudier à fond les sciences, qui aurait perdu
les plus belles années de sa vie dans les veilles, les soucis et les sueurs perpétuels, et qui
pendant le reste n'aurait même pas goûté un
tantinet de plaisir, toujours économe, pauvre,
triste, sombre, sévère et dur pour lui-même,

pénible et odieux pour les autres, accablé de
pâleur, de maigreur, de maladie, d'ophtalmie,
vieilli et blanchi avant l'heure, avant l'heure
fuyant la vie. D'ailleurs n'importe quand il
meurt celui qui n'a jamais vécu. Voilà le beau
portrait du sage.

XXXVIII

Mais j'entends de nouveau coasser contre
moi *les grenouilles du Portique*: «Il n'y a rien
de plus misérable, disent-ils, que la démence.
Mais l'insigne folie ou bien est proche de la
démence, ou bien plutôt est la démence même.
Car, être dément est-ce autre chose qu'avoir
perdu l'esprit?». Mais ce sont elles qui s'éga-
rent sur toute la ligne. Allons, pulvérisons
aussi ce syllogisme, avec l'aide des Muses.
Certes, nos dialecticiens raisonnent subtile-
ment, mais Socrate nous enseigne pourtant,
dans Platon, comment faire par division deux
Vénus d'une seule, et de même deux Cupidons
d'un seul; ils devraient donc aussi distinguer
démence et démence, pour peu qu'ils veuillent
passer pour avoir eux-mêmes du bon sens. Car
toute démence n'est pas par définition une
calamité. Autrement, Horace n'aurait pas dit:

«suis-je le jouet d'une aimable démence?» et
Platon n'aurait pas compté le délire des poètes,
des prophètes et des amants parmi les principaux biens de la vie, et la sybille n'aurait pas
qualifié de démente l'entreprise d'Énée.

Il est donc vrai qu'il y a deux espèces de
démence; l'une que les furies vengeresses
déchaînent des Enfers toutes les fois qu'elles
lancent leurs serpents et insufflent dans le
cœur des mortels l'ardeur de la guerre ou la
soif insatiable de l'or, un amour déshonorant et
criminel ou un parricide, un inceste, un sacrilège ou quelque autre fléau de ce genre; ou
bien quand elles poursuivent les consciences
coupables et bourrelées de remords avec leurs
fureurs et leurs torches d'épouvante. L'autre
démence est toute différente de la première,

parce qu'elle émane de moi, assurément, et que
c'est la plus désirable des choses. Elle se
produit chaque fois qu'une douce illusion
libère l'âme de ses angoissants soucis et la
plonge dans un océan de délices. C'est cette
illusion de l'esprit que Cicéron, dans une lettre
à Atticus, souhaite comme un grand présent
des dieux afin de pouvoir oublier tant de cruels
malheurs. Et il ne manquait pas de jugeote cet
homme d'Argos, qui «délirait jusqu'à passer,
seul, des journées entières au théâtre, à rire, à
applaudir, à se réjouir, croyant y voir jouer de
merveilleuses tragédies alors qu'on ne jouait
rien du tout; dans toutes les autres circonstances de la vie, il se conduisait normalement:
aussi agréable à ses amis, gentil avec sa femme, pardonnant à ses esclaves, et n'entrant pas
en fureur pour une bouteille décachetée».
Quand les remèdes que lui donnèrent ses
proches le guérirent et qu'il eut retrouvé ses
esprits, il se plaignit à ses amis en ces termes:
«Par Pollux, vous m'avez tué mes amis, au
lieu de me sauver, en m'arrachant ma volupté,
et en m'enlevant de force la si charmante
illusion de mon esprit.» Il avait raison; ceux
qui se trompaient, et qui avaient plus que lui
besoin d'ellébore, c'étaient ceux qui voulaient

chasser à coups de drogues, comme une maladie, une folie si heureuse et si plaisante.

Mais je n'ai pas encore décidé s'il fallait donner le nom de folie à toute erreur des sens ou de l'esprit. En effet, si quelqu'un qui a une mauvaise vue prend un mulet pour un âne, si un autre admire comme un très bon poème un mauvais poème, on n'y verra pas aussitôt de la folie. Mais si quelqu'un est abusé par son jugement et pas seulement par ses sens, et que ce soit d'une façon continuelle et contraire à l'usage, alors on considérera qu'il est proche de la démence, comme par exemple celui qui entend braire un âne et croit entendre un merveilleux concert, ou un pauvre diable d'humble naissance qui se prend pour Crésus, roi de Lydie. Mais si ce genre de démence tourne au plaisir, ce qui arrive le plus souvent, elle ne procure pas une mince jouissance et à ceux qu'elle possède et à ceux qui en sont témoins et délirent d'une autre façon. Cette espèce de folie est beaucoup plus répandue qu'on ne le croit communément. Mais le fou rit du fou, chacun à son tour, et ils se donnent l'un à l'autre un plaisir réciproque. Et il n'est pas rare de voir le plus fou rire plus fort du moins fou.

XXXIX

Mais, à mon avis, on est d'autant plus heureux qu'on a davantage de registres à son délire, pourvu qu'on demeure dans le genre de démence qui m'est propre, domaine si vaste que je me demande s'il est possible de trouver parmi tous les mortels un seul qui soit sage à toute heure et qui ne soit possédé d'aucune sorte de délire. Il n'existe qu'une seule différence: on appelle dément celui qui voyant une citrouille la prend pour une femme, parce que cela n'arrive qu'à très peu de gens, mais, si un mari partage sa femme avec beaucoup d'autres, s'il jure qu'elle lui est plus fidèle que Pénélope et s'en applaudisse lui-même généreusement, dans son heureuse illusion, nul ne le traite de dément, parce qu'on voit bien que c'est une chose qui arrive partout aux maris.

A cette même catégorie appartiennent ces gens qui méprisent tout ce qui n'est pas la chasse aux bêtes sauvages, et qui prétendent éprouver un incroyable plaisir quand ils entendent cet affreux son du cor ou l'aboiement des chiens. Je crois même que l'odeur des excréments des chiens exhale pour eux un parfum de cinnamone. Puis quelles délices quand il

faut dépecer la bête! Le bas peuple a la per-
mission de dépecer taureaux et moutons, mais
une bête fauve ne peut être découpée que par
un noble. Tête nue, à genoux, avec un coutelas
spécial (car tout autre est interdit) il découpe
religieusement certains membres, avec certains
gestes et dans un certain ordre. Tout autour la
foule silencieuse s'ébahit devant ce spectacle
nouveau même si elle l'a déjà vu plus de mille
fois. Celui qui a le bonheur de goûter un peu
de la bête s'estime parvenu à un haut rang de
noblesse. Aussi, à force de poursuivre les bêtes
fauves et d'en manger, ils finissent par dégéné-
rer eux-mêmes en fauves et n'en croient pas
moins qu'ils mènent une vie de roi.

Et voici une catégorie fort semblable: ceux
qui sont dévorés de la rage insatiable de bâtir
et changent les rotondes en carrés, et les carrés
en rotondes. Ils n'y mettent aucun terme,
aucune mesure jusqu'à ce qu'ils tombent dans
l'extrême indigence, n'ayant plus où habiter ni
de quoi manger mais qu'importe? Ils ont passé
quelques années dans une parfaite volupté.

Tout près d'eux figurent, à mon avis, ceux
qui par des pratiques nouvelles et mystérieuses
travaillent à transformer la nature des choses et
chassent sur terre et sur mer une certaine

quintessence. Ils sont nourris d'un si doux
espoir qu'ils ne reculent jamais ni devant
l'effort ni devant la dépense, ils ont toujours
dans la tête quelque imagination merveilleuse
pour s'égarer une fois de plus, et se tromper
eux-mêmes agréablement, jusqu'au jour où,
ruinés, ils n'ont plus de quoi équiper le moindre fourneau. Ils ne déchantent pourtant pas de
leurs rêves enchantés et ils poussent les autres,
de toutes leurs forces, vers la même félicité. Et
quand ils ont perdu tout espoir, il leur reste
malgré tout une sentence, de grande consolation: «Dans les grandes entreprises, il suffit
d'avoir voulu.» Alors ils accusent la brièveté
de la vie qui n'a pas suffi pour la grandeur de
leur entreprise.

Quant aux joueurs, doivent-ils être admis
dans notre collège? J'en doute un peu. C'est
pourtant un spectacle complètement fou et
comique de voir ces gens si passionnés qu'au
bruit des dés aussitôt leur cœur bondit et
palpite. Puis toujours alléchés par l'espoir de la
victoire, ils font naufrage avec tous leurs biens
quand leur vaisseau se brise sur l'écueil du jeu,
écueil bien plus redoutable que celui du Malea.
Et à peine surnagent-ils tout nus, ils fraudent
n'importe qui plutôt que leur vainqueur, de

peur de passer pour des gens peu délicats. Et quand ils seront devenus vieux et presque aveugles ne jouent-ils pas encore grâce à des lunettes? Ou bien quand une arthrose bien méritée leur a tordu les articulations, alors ne paient-ils pas un remplaçant pour mettre à leur place les dés dans le cornet? Ce serait charmant si le plus souvent ce jeu ne tournait pas à la rage, ne dépendait alors non plus de moi mais des Furies.

XL

Par contre, voici un genre d'hommes qui, sans aucun doute, est tout à fait de notre farine, ce sont ceux qui aiment bien entendre ou raconter eux-mêmes des miracles ou des prodiges inventés. Ils n'ont jamais assez de telles fables, quand on rapporte des histoires monstrueuses de spectres, de lémures, de larves, d'enfers, et mille autres merveilles de ce genre: plus elles s'éloignent de la vérité, plus sont agréables les démangeaisons dont elles chatouillent les oreilles. D'ailleurs cela sert à merveille non seulement à soulager l'ennui des heures, mais aussi à procurer quelque profit, surtout pour les prêtres et les prédicateurs.

Or, ceux-ci ont pour proches les gens qui nourrissent la folle conviction, cependant bien agréable, que s'ils aperçoivent un Polyphème, saint Christophe en bois ou peint, ils ne mourront pas de la journée; si on salue avec les paroles prescrites une statue de sainte Barbe, on reviendra sain et sauf du combat; ou si on rend visite à saint Érasme, certains jours, avec certains petits cierges, certaines petites prières, on deviendra bientôt riche. De même qu'il y a

un saint Hippolyte ils ont trouvé en saint
Georges un nouvel Hercule. C'est tout juste
s'ils n'adorent pas son cheval très pieusement
paré de phalères et de bulles; souvent, ils lui
offrent un nouveau petit présent pour gagner
ses faveurs et jurer par son casque d'airain et
pour eux un serment de roi. Que dire de ceux
qui se bercent agréablement de pardons imaginaires accordés à leurs crimes, qui mesurent
comme avec des clepsydres les durées du
Purgatoire, calculant sans la moindre erreur
siècles, années, mois, heures, comme d'après
une table mathématique. Et de ceux qui s'appuient sur certaine petites formules ou prières
magiques qu'un pieux imposteur a inventées
pour son plaisir ou son profit, et s'en promettent tout: richesses, honneurs, plaisirs, abon-
dance, santé toujours florissante, très longue
vie, verte vieillesse, et pour finir une place au
Paradis, auprès du Christ, mais le plus tard
possible, quand les voluptés de cette vie les
abandonneront, malgré leurs efforts opiniâtres
pour les retenir, et céderont la place aux délices célestes. Ici, disons un commerçant ou un
soldat, ou un juge, s'imagine, avec une petite
pièce de monnaie prélevée sur tant de rapines,
avoir purifié d'un seul coup ce marais de

Lerne qu'est sa vie, et estime que tant de
parjures, tant de débauches, tant d'ivrogneries,
tant de rixes, tant de meurtres, tant d'impostu-
res, tant de perfidies, tant de trahisons sont
rachetés comme par un contrat, et si bien
rachetés qu'il peut maintenant repartir à neuf
pour un nouveau cycle de crimes. Et quoi de
plus fou, que dis-je? quoi de plus heureux que
ceux qui, pour avoir récité chaque jour sept
petits versets des Psaumes sacrés se promettent
la félicité suprême, et au-delà? Et ces petits
versets magiques, c'est un démon, facétieux
certes, mais plus étourdi que malin qui, croit-
on, les a indiqués à saint Bernard, mais fut pris
à son propre piège, le pauvre! Et de pareilles
folies, si folles qu'elles me font presque honte,
sont approuvées non seulement du vulgaire
mais de ceux qui enseignent la religion.

Et maintenant, est-ce que ce n'est pas à
peu près la même chose quand chaque pays
revendique pour lui-même un saint particulier,
lui confère des attributions particulières, lui
rend un culte avec des rites particuliers: celui-
ci guérit la rage de dents, celui-là assiste les
femmes en couches, un autre restitue les objets
volés, celui-ci apparaît en sauveur au milieu du
naufrage, celui-là protège le troupeau, et ainsi

de suite, car il serait trop long de faire un recensement complet. Il y en a qui à eux seuls valent pour plusieurs choses, surtout la Vierge mère de Dieu, à qui le commun des hommes attribue presque plus de pouvoirs qu'à son Fils.

XLI

Mais à ces saints que demandent les hommes, sinon ce qui est du ressort de la folie? Allons! Parmi tant d'ex-votos dont vous voyez couverts les murs et même la voûte de certaines églises, avez-vous jamais vu un seul remerciement pour avoir échappé à la folie ou pour être devenu d'un poil plus sage? L'un a échappé au naufrage; un autre, transpercé par l'ennemi, a survécu; un tel, laissant les autres combattre, s'est enfui du champ de bataille avec non moins de chance que de courage; tel autre, suspendu à la potence, en est tombé par la grâce d'un saint ami des voleurs, et pourra continuer ainsi à soulager quelques personnes encore injustement chargées de richesses. Un autre a brisé la porte de sa prison et s'est enfui. Un autre a guéri de sa fièvre à la grande irritation du médecin. Un autre a bu un poison qui, ayant provoqué une diarrhée, a été un remède et non une source de mort, au grand mécontentement de sa femme qui a perdu sa peine et son argent. Un autre, dont le chariot avait versé, a ramené ses chevaux indemnes à la maison. Un autre, pris sous des décombres, en a réchappé. Un autre, surpris par le mari, s'est esquivé. Nul ne rend grâce pour avoir expulsé la folie. C'est donc une chose si douce d'être sans raison que les mortels prient pour être préservés de tout plutôt que de la Folie. Mais pourquoi est-ce que je m'embarque sur cette mer de superstitions?

Non, même si j'avais cent langues et cent bouches, une voix de métal, je ne pourrais dérouler toutes les variétés d'idiots, énumérer tous les noms de la folie. C'est que la vie de chaque chrétien regorge d'extravagances de ce genre, que les prêtres admettent et entretiennent sans scrupule, car ils n'ignorent pas quel profit leur en revient. Là dessus, si un sage importun se levait et proclamait la vérité: «Tu n'auras pas une mauvaise mort si ta vie a été bonne: tu rachètes tes péchés si tu ajoutes à ton obole la haine de tes fautes, des larmes, des veilles, des prières, des jeûnes et si tu changes entièrement de raison de vivre; un saint t'accordera sa faveur si tu cherches à imiter sa vie»; si ce sage, dis-je, criait ces vérités et d'autres semblables, voyez de quelle félicité il priverait l'âme des mortels et dans quel trouble il les jetterait!

A la même confrérie appartiennent ceux qui désirent régler de leur vivant la pompe de leurs funérailles, et le font avec tant de soin qu'ils indiquent expressément le nombre de flambeaux, d'assistants en deuil, des chantres, des pleureuses qu'ils veulent, comme s'ils devaient eux-mêmes avoir quelque conscience de ce spectacle ou avoir honte, une fois morts, que leur cadavre ne soit pas enterré avec magnificence; ils s'en préoccupent avec la même passion que s'ils étaient des édiles donnant des jeux ou un festin.

XLII

J'ai beau me presser, je ne puis passer sous silence ces gens qui ne diffèrent en rien du dernier des manœuvres, mais que c'est merveille de voir s'enorgueillir d'un vain titre de noblesse. L'un fait remonter sa race à Enée, un autre à Brutus, un autre à Arcturus. Ils étalent partout des statues et des peintures qui représentent leurs ancêtres. Ils énumèrent des bisaïeux et des trisaïeux, rappellent leurs antiques surnoms, mais eux-mêmes ne sont guère différents d'une statue muette et ne valent guère mieux que les images qu'ils étalent. Et pourtant grâce à notre si douce Philautie ils mènent une vie parfaitement heureuse. Et il n'en manque pas d'aussi fous qu'eux, qui admirent ces sortes de brutes comme des dieux.

Mais pourquoi me limiter à une ou deux catégories, comme si ma Philautie ne rendait pas partout la plupart des humains merveilleusement heureux! Tel, plus laid qu'un singe, se prend pour un vrai Nirée. Un autre se croit tout à fait un Euclide parce qu'il a réussi à tracer trois lignes au compas. Cet autre s'imagine un nouvel Hermogène alors qu'il est un *âne à la lyre* et que sa voix sonne aussi faux que celle du coq mordant sa poule. Mais le genre de folie de beaucoup le plus doux est celui qui pousse certains à se glorifier du moindre mérite de leurs serviteurs, comme si c'était le leur. Tel était ce riche doublement heureux dont parle Sénèque: voulait-il raconter une historiette, il avait sous la main des esclaves pour lui souffler ses mots, et il n'aurait pas hésité à s'engager dans un combat au pugilat, lui pourtant si faible qu'il tenait à peine en vie, assuré qu'il était d'avoir chez lui de nombreux esclaves extrêmement robustes.

Quant à ceux qui professent les arts, à quoi bon en parler? Leur Philautie à tous est si particulière qu'on en trouverait plus vite un qui voulût céder son petit patrimoine que son talent, surtout parmi les comédiens, chanteurs, orateurs et poètes: le plus nul est le plus con-

tent de lui, c'est celui qui se pavane et se
rengorge le plus. Et ils trouvent à qui parler;
bien mieux: ce qui est le plus inepte rencontre
le plus d'admirateurs car le pire sourit toujours
au plus grand nombre, puisque, comme je l'ai
dit, l'immense majorité des hommes est soumise à la Folie. Donc si plus on est malhabile
plus on est content de soi et plus on est admiré, pourquoi préférerait-on le vrai savoir, qui
d'abord vous coûterait cher, ensuite vous
rendrait plus ennuyeux et plus timide, enfin ne
serait apprécié que par fort peu de gens?

XLIII

D'ailleurs, je vois bien que la nature a greffé non seulement sur chaque homme une Philautie personnelle mais encore une Philautie collective sur chaque nation et presque sur chaque cité. De là vient que les Anglais revendiquent avant tout la beauté physique, le talent musical et les bonnes tables; les Écossais se flattent de leur noblesse et d'un titre de parenté royale, et aussi de leurs subtilités dialectiques; les Français prennent pour eux l'urbanité; les Parisiens s'arrogent tout particulièrement le mérite du savoir théologique qu'ils refusent à peu près au reste du monde; les Italiens s'attribuent les belles-lettres et l'éloquence, et à ce titre ils se flattent d'être les seuls mortels qui ne soient pas barbares; dans ce genre de félicité les Romains tiennent la première place et rêvent encore avec délices de l'antique Rome; les Vénitiens sont heureux à l'idée de leur noblesse; les Grecs, en tant qu'inventeurs des arts, se font valoir grâce aux anciens titres de gloire de leurs fameux héros; les Turcs, et tout ce ramassis de véritables barbares, vont jusqu'à revendiquer le mérite de la religion et raillent les chrétiens pour leurs superstitions; mais

encore plus piquant: les Juifs, qui continuent
d'attendre avec constance leur Messie et,
aujourd'hui encore, tiennent mordicus à leur
Moïse; les Espagnols ne cèdent à personne la
gloire des armes; les Allemands sont fiers de
leur haute taille et de leur savoir en magie.

Sans aller plus loin, vous voyez, je pense, tout le plaisir que procure partout aux mortels, à tous et à chacun Philautie, dont la sœur Flatterie est presque l'égale. Car l'amour de soi consiste à se caresser soi-même, et si on le fait à autrui ce sera de la Kolakie, de la Flatterie. Pourtant il est vrai qu'aujourd'hui l'adulation passe pour une infamie, du moins auprès de ceux que les mots émeuvent plus que les réalités. Ils estiment que la loyauté s'accorde mal avec la flatterie; mais ils se trompent fort, l'exemple des animaux pourrait le leur montrer. Car qu'y a-t-il de plus flatteur que le chien? Mais aussi qu'y a-t-il de plus fidèle? Quoi de plus caressant que l'écureuil? Mais qu'y a-t-il de plus ami de l'homme que lui? A moins, peut-être, d'admettre que le lion farouche, le tigre cruel, le léopard irritable sont plus favorables à la vie humaine. Il y a pourtant une sorte de flatterie tout à fait pernicieuse par laquelle des gens perfides et moqueurs acculent leurs victimes à leur perte. Mais ma flatterie à moi procède d'une âme bénigne et candide, et elle est bien plus proche de la vertu que de la dureté, son contraire, et de cette humeur mo-

rose et chagrine dont parle Horace. Elle relève
les âmes abattues, adoucit la tristesse, stimule
les paresseux, réveille l'engourdi, soulage les
malades, apaise les furieux, rapproche les
amoureux, conserve l'amitié. Elle attire les
enfants vers l'étude des lettres, déride les
vieillards, elle avertit et instruit les princes
sans les offenser, sous couleur de louange. En
somme, elle fait que chacun soit plus agréable
et plus cher à lui-même, ce qui est une part du
bonheur et même la principale. Et quoi de plus
obligeant que deux mulets qui s'entre-frottent?
Pour tout dire, la flatterie est la partie la plus
importante de la très noble éloquence, plus
encore de la médecine, et plus que tout de la
poésie; elle est le miel et le condiment de
toutes les relations entre les hommes.

Mais, dit-on, c'est un malheur d'être trompé. Non, ce n'est pas l'être qui est un très grand malheur. Car ceux qui croient que le bonheur de l'homme réside dans les réalités ont vraiment perdu l'esprit. Il dépend de l'opinion qu'on a d'elles. L'obscurité et la diversité des choses humaines sont telles qu'on ne peut rien savoir clairement, comme l'ont bien dit mes Académiciens, les moins orgueilleux des philosophes. Ou si on peut savoir quelque chose, c'est bien souvent aux dépens du plaisir de la vie. Enfin, l'âme humaine est ainsi modelée qu'on la prend beaucoup plus par le mensonge que par la vérité. Veut-on faire une expérience évidente et claire? Qu'on aille écouter le sermon à l'église: s'il est question de choses sérieuses, tout le monde dort, bâille, s'ennuie. Si le braillard, pardon, je voulais dire l'orateur, commence, comme il est fréquent, par quelque histoire de bonne femme, tout le monde se réveille, se redresse, est bouche bée. De même, s'il y a un saint un peu fabuleux et poétique, mettez, par exemple, un genre de Georges, de Christophe ou de Barbe, vous le verrez l'objet d'un culte plus dévot que Pierre ou Paul ou même le Christ. Mais ce n'est pas le lieu d'en parler.

Et puis, qu'il coûte peu ce surplus de bonheur! Les choses elles-mêmes, il faut parfois de grands efforts pour les acquérir, même les

plus futiles, comme la grammaire; mais l'idée
des choses, rien de plus facile à attraper et
pourtant elle conduit tout aussi bien au bonheur, et même mieux. Tenez, si quelqu'un se
nourrit de salaisons pourries dont l'odeur serait
insupportable à un autre, et qu'il lui trouve un
goût d'ambroisie, je vous le demande: qu'est-
ce que cela fait à son plaisir? En revanche, si
à un autre l'esturgeon donne des nausées, quel
bonheur lui donnera-t-il? Si une femme est
remarquablement laide, mais que son mari voit
en elle une rivale de Vénus, n'est-ce pas
comme si elle était réellement belle? Si quelqu'un contemple et admire un tableau bar-
bouillé de rouge et de jaune, convaincu qu'il a
été peint par Apelle ou Zeuxis, ne sera-t-il pas
plus heureux que celui qui aura payé cher une
œuvre de ces artistes et trouvera peut-être
moins de plaisir à la regarder? J'ai connu
quelqu'un de mon nom qui fit présent à sa
jeune femme de quelques pierres fausses et la
persuada, car c'était un beau parleur, non
seulement qu'elles étaient vraies et naturelles
mais qu'elles avaient une valeur rare, inestimable. Eh bien, qu'est-ce que cela faisait à la
jeune femme, puisqu'elle n'éprouvait pas
moins de plaisir à repaître ses yeux et son

esprit de la verroterie et qu'elle gardait cachés chez elle ces riens comme s'il s'agissait d'un précieux trésor? En attendant le mari évitait une dépense, et profitait de l'illusion de son épouse qui lui était tout aussi reconnaissante que s'il lui avait offert un cadeau coûteux. Quelle différence y a-t-il, à votre avis, entre ceux qui, dans la caverne de Platon, regardent les ombres et les images des objets, pourvu qu'ils ne désirent rien de plus et ne soient pas mécontents d'eux-mêmes, et le sage sorti de la caverne qui voit la vraie réalité? Si le Mycille de Lucien avait pu continuer sans fin son rêve d'or et de richesse, rien ne lui aurait fait souhaiter un autre bonheur. Donc ou bien il n'y a pas de différence, ou bien, s'il y en a une, la condition des fous est préférable. D'abord parce que leur bonheur leur coûte très peu, juste un grain d'auto-persuasion; et ensuite parce qu'ils sont un très grand nombre à en jouir ensemble.

XLVI

Or, aucun bien ne procure de plaisir s'il
n'est partagé. Mais qui ignore le petit nombre
des sages, si même on peut en trouver un?
D'ailleurs, en tant de siècles les Grecs en
comptent sept en tout; mais, par Hercule, je
veux bien mourir si, en examinant plus soigneusement, on trouve même un demi-sage ou
même le tiers d'un homme sage. Donc, puisque parmi les nombreux mérites de Bacchus le
premier est de chasser les soucis de l'âme,
même si c'est pour peu de temps (car dès
qu'on a cuvé son vin, ils reviennent, comme
on dit, à bride abattue), ma bienfaisance est à
la fois plus complète, plus durable, moi qui
remplis l'âme d'une perpétuelle ivresse, de
joies, de délices, de transports, sans qu'il en
coûte rien. Et je ne laisse absolument aucun
mortel à l'écart de mes faveurs, alors que les
autres divinités accordent leurs dons tantôt à
l'un, tantôt à l'autre. Il ne naît pas partout «le
vin généreux et doux qui chasse les soucis et
coule avec la riche espérance». Peu de gens
reçoivent la grâce de la beauté, présent de
Vénus; moins encore l'éloquence, don de
Mercure. Et ils ne sont pas nombreux à rece-

voir les richesses, par la bienveillance d'Hercule. Le pouvoir n'est pas accordé au premier venu par le Jupiter homérique. Très souvent Mars ne soutient aucun des combattants. Beaucoup s'éloignent l'âme triste du trépied d'Apollon. Souvent Jupiter lance sa foudre, et Phébus quelquefois envoie la peste avec ses flèches. Neptune fait périr plus d'hommes qu'il n'en sauve, pour ne pas parler des Véjove, des Pluton, des Até, des Châtiments, des Fièvres, et leurs semblables, qui ne sont pas des dieux mais des bourreaux. Il n'y a que moi, et moi seule, la Folie, pour envelopper également tous les hommes de ma bienfaisance toujours disponible.

Je n'attends pas des vœux, je ne me mets
pas en colère pour réclamer des purifications si
un détail a été oublié dans une cérémonie. Je
ne remue pas ciel et terre si quelqu'un invite
les autres dieux et me laisse seule à la maison
sans m'admettre à humer l'odeur des victimes.
En effet, les autres dieux sont sur ce point si
chatouilleux qu'il est presque préférable et
même plus sûr de les négliger que de les
honorer. Il y a de même certains hommes, si
pointilleux, si irritables, si faciles à blesser
qu'il vaut mieux les avoir pour ennemis décla-
rés que pour familiers.

Mais, dira-t-on, personne ne fait de sacrifices à la Folie, ni ne lui élève de temple. C'est
exact et, je l'ai dit, je suis un peu surprise de
cette ingratitude. Mais comme j'ai bon caractère, je prends cela aussi du bon côté; d'ailleurs ce ne sont pas là des choses que je puisse
même désirer. Pourquoi en effet réclamerais-je
un peu d'encens ou de la farine, ou un bouc ou
un porc, alors que partout dans le monde les
mortels me rendent un culte que les théologiens eux-mêmes reconnaissent comme le
meilleur? Ou bien devrais-je être jalouse de

Diane parce qu'on lui offre du sang humain? Moi, j'estime qu'on m'honore très religieuse- ment quand partout (et c'est ce que tout le monde fait) les hommes me consacrent leurs cœurs, se conforment à mes mœurs, ont une vie à mon image. Or, cette façon de rendre un culte aux saints n'est guère fréquente chez les chrétiens. Ils sont innombrables ceux qui présentent à la Vierge, mère de Dieu, un petit cierge en plein midi, ce qui ne sert à rien. Par contre, bien peu essaient d'imiter sa chasteté, sa modestie, son amour des choses célestes. Car c'est précisément cela le vrai culte, de loin le plus agréable aux habitants des cieux. D'au- tre part, pourquoi voudrais-je avoir un temple, quand le monde entier est pour moi un temple, le plus beau de tous, si je ne m'abuse. Et je ne manque de fidèles que là où manquent les hommes. Je ne suis pas folle au point de demander des images en pierre ou barbouillées de couleurs qui ne serviraient guère à notre culte, quand des imbéciles et des lourdauds adorent les images au lieu des saints. Il m'arri- verait alors ce qui arrive à ceux qui se font supplanter par leurs représentants. A mon avis, on m'a dressé autant de statues qu'il y a de mortels, car ils sont chacun comme ma vivante

image, qu'ils le veuillent ou non. Je n'ai donc
rien à envier aux autres dieux qui sont honorés
en certains coins de la terre, l'un ici, l'autre là,
et à des jours déterminés: à Rhodes Phébus, à
Chypre Vénus, à Argos Junon, à Athènes
Minerve, sur l'Olympe Jupiter, à Tarente
Neptune, à Lampsaque Priape, car à moi c'est
la terre entière, d'un même élan, qui m'offre
continûment des victimes bien plus précieuses.

On dira peut-être que je parle avec plus de présomption que de vérité, mais examinons un peu la vie des hommes pour montrer clairement tout ce qu'ils me doivent et le grand cas qu'ils font de moi, tant les grands que les petits. Mais nous ne passerons pas en revue toutes les vies, ce serait trop long, mais seulement les plus insignes, d'où il sera facile de juger les autres. A quoi bon, en effet, parler du vulgaire, de la populace, qui sans discussion dépend entièrement de moi? Il abonde en tant d'espèces de folies, il en invente chaque jour tant de nouvelles que mille Démocrites ne suffiraient pas pour tant de rire; d'ailleurs ces Démocrites auraient eux-mêmes besoin d'un autre Démocrite pour rire d'eux. On ne saurait croire tous les rires, tous les amusements, tous les plaisirs que les pauvres humains procurent chaque jour aux dieux. Ils consacrent leurs heures sobres de la matinée à vider des querelles et à écouter des vœux. Puis, quand ils sont ivres de nectar et hors d'état de s'occuper d'affaires sérieuses, alors ils s'installent dans la partie la plus élevée du ciel, d'où ils penchent la tête et observent ce que font les hommes. Il

n'y a pas pour eux de spectacle plus savou-
reux. Dieu immortel, quel théâtre est-ce là,
quelle cohue bruyante de fous! Car il m'arrive
à moi aussi de prendre place dans les rangs des
dieux de la poésie. Cet homme meurt d'amour
pour une fille, et moins il est aimé, plus il
aime éperdument. L'autre épouse une dot, non
une femme. Celui-là prostitue sa femme. Un
autre, jaloux comme un Argus, guette la sien-
ne. En voilà un en deuil, peste! que de folies
dit-il et fait-il! Il va jusqu'à engager des sortes
d'acteurs pour jouer la comédie de la douleur.
Celui-là pleure au tombeau de sa belle-mère.
Un autre gratte par ci par là tout ce qu'il peut
pour le donner à son petit ventre, quitte à
supporter bientôt la faim vaillamment. Celui-là
pense qu'il n'y a pas de plus grand bonheur
que de dormir et ne rien faire. Il y en a qui
s'agitent sans relâche pour arranger les affaires
des autres et délaissent les leurs. En voilà un
qui se croit riche avec ses emprunts et l'argent
d'autrui, et est à deux pas de la déconfiture.
Un autre ne trouve rien de plus beau que d'être
pauvre lui-même et d'enrichir un héritier.
Celui-ci, pour un profit maigre et incertain,
court à travers les mers confiant au vent et aux
flots une vie que nul argent ne saurait lui

rendre. Celui-là préfère chercher fortune à la guerre que de rester tranquillement chez lui en sécurité. Il y en a qui pensent que le moyen le plus commode pour arriver à la fortune est de capter la faveur de vieillards sans famille. Et il n'en manque pas qui, dans le même but, préfèrent courir après les vieilles femmes fortunées. Les uns et les autres donnent aux dieux un spectacle qui n'est jamais si plaisant que le jour où ils sont joués par ceux-là mêmes qu'ils voulaient prendre.

De toutes les races, la plus folle et la plus vile est celle des marchands car ils se livrent à l'activité la plus vile par les moyens les plus vils: à qui mieux mieux ils mentent, se parjurent, volent, fraudent, trompent, et pourtant se font passer pour les premiers parce qu'ils ont des anneaux d'or aux doigts. Il ne manque pas de moinillons flatteurs, qui les admirent et les appellent en public «vénérables» dans l'espoir évident qu'il leur reviendra une petite portion des biens mal acquis. Ailleurs, on voit des pythagoriciens, à qui la communauté des biens paraît si évidente que tout ce qui passe sans surveillance à leur portée ils l'emportent le cœur tranquille comme on recueille un héritage. Il y en a qui ne sont riches que de souhaits; ils se forgent des rêves agréables et pensent que cela suffit pour leur bonheur. Quelques-uns sont heureux de passer pour riches au-dehors, et meurent résolument de faim chez eux. Celui-ci se hâte de dissiper tout ce qu'il a, celui-là entasse par n'importe quel moyen. L'un, en toge blanche, brigue les suffrages populaires, l'autre se plaît au coin de son feu. Un bon nombre intentent des procès qui ne doivent jamais finir, et s'efforcent à qui mieux mieux, d'un côté comme de l'autre, d'enrichir juge temporisateur et avocat prévaricateur. L'un recherche le changement, l'autre entreprend une grande chose. En voici un qui va voir Jérusalem, Rome ou Saint-Jacques, où il n'a rien à faire, et laisse à la maison femme et enfants.

En somme, si on regardait de la lune les agitations innombrables des mortels, comme fit jadis Ménippe, on croirait voir une nuée de mouches ou de moucherons qui se battent, se font la guerre, se tendent des pièges, pillent, jouent, folâtrent, naissent, tombent, meurent. On ne saurait croire quels troubles, quelles tragédies provoque un si minuscule animal et destiné à périr sitôt. Car quelquefois la moindre bourrasque d'une guerre ou d'une épidémie en emporte et en détruit des milliers en même temps.

XLIX

Mais je serais moi-même tout à fait folle et parfaitement digne de tous les éclats de rire de Démocrite si je continuais à énumérer les formes des folies et des insanités populaires. J'arrive à ceux qui se donnent parmi les mortels l'apparence de la sagesse et convoitent, comme on dit, le rameau d'or.

Parmi eux tiennent le premier rang, les grammairiens, race d'hommes certainement la plus calamiteuse, la plus affligée, la plus haïe des dieux si moi je n'adoucissais les désagréments de leur misérable profession par un doux genre de folie. Ils ne sont pas en butte à *cinq malédictions* seulement, c'est-à-dire à cinq présages funestes, comme l'indique une épigramme grecque, mais à des centaines: toujours affamés et sordides dans leurs écoles — que dis-je des écoles? ce sont plutôt des *séjours d'angoisse*, ou plutôt des galères, des chambres de tortures, — au milieu des hordes d'enfants ils vieillissent dans les labeurs, sont assourdis de cris, s'asphyxient encore de puanteurs et d'infection; mais grâce à ma faveur, ils se croient les premiers des mortels. Ils sont tellement contents d'eux-mêmes quand ils terrorisent une classe épouvantée par leur visage et leur voix menaçante, quand ils déchirent les malheureux à coups de férules, de verges et de fouets, quand ils déchaînent à leur guise toutes leurs colères, à l'exemple de l'âne des Cumes; alors leur saleté leur semble pure élégance, leur puanteur embaume la marjolaine, ils prennent leur misérable esclavage pour une royauté, si bien qu'ils ne voudraient pas

échanger leur tyrannie contre le pouvoir de
Phalaris ou de Denys. Mais la haute opinion
qu'ils ont de leur savoir les rend encore bien
plus heureux. Car ils ont beau, pour la plupart
d'entre eux, inculquer aux enfants de pures
extravagances, bons dieux!, quel Palémon, quel
Donat ne leur paraît pas méprisable au regard
d'eux-mêmes! Et je ne sais par quels prodiges
ils arrivent miraculeusement à se faire prendre
par les folles mères et les pères idiots pour ce
qu'ils s'imaginent être eux-mêmes. Ajoutez à
cela une autre sorte de plaisir: chaque fois que
l'un d'eux découvre dans un parchemin pourri
le nom de la mère d'Anchise, ou un mot
inconnu du vulgaire comme *bubsequa, bovina-
tor* ou *manticulator*, ou à déterrer quelque part
un vieux fragment de pierre marqué de lettres
mutilées, ô Jupiter, quelle exaltation alors,
quels triomphes, quels éloges comme s'ils
avaient vaincu l'Afrique ou pris Babylone! Et
quand ils montrent partout leurs petits vers, les
plus froids et les plus insipides, et qu'ils ne
manquent pas d'admirateurs: ils pensent alors
que l'âme de Virgile est passée en eux. Mais
rien n'est plus délicieux que de les voir s'appliquer réciproquement la loi du talion dans la
louange et l'admiration, et se gratter naturelle-

ment comme des ânes. Mais s'il arrive que
l'un d'eux fasse une faute sur un mot et qu'un
autre plus clairvoyant ait la bonne fortune de
s'en apercevoir, *par Hercule,* quelles tragédies
aussitôt, quels combats, quelles injures, quelles
invectives! Je veux bien avoir tous les grammairiens contre moi si je mens. Je connais un
savant *versé dans beaucoup de sciences,* grec,
latin, mathématiques, philosophie, médecine, *et
cela d'une façon royale*; il est déjà sexagénaire
et depuis plus de vingt ans il a tout laissé pour
se torturer et se tourmenter à étudier la grammaire; il estime qu'il sera parfaitement heureux
s'il peut vivre assez longtemps pour établir
avec certitude comment il faut distinguer les
huit parties du discours, chose que jusqu'ici ni
Grec ni Latin n'a su faire parfaitement.
Comme si c'était un motif de guerre de faire
de la conjonction un mot soumis aux lois de
l'adverbe! Dans ce dessein, comme il y a
autant de grammaires que de grammairiens, et
même davantage, puisque mon cher Alde a
publié plus de cinq grammaires à lui seul,
notre homme n'en laisse passer aucune, si
barbare ou si ennuyeuse qu'elle soit, sans la
dépouiller et la scruter, jaloux de tous ceux qui
préparent quelque ineptie sur le sujet, car il

craint comme un malheureux que d'aventure
on lui vole cette gloire et que le labeur de tant
d'années ne soit perdu. Préférez-vous appeler
cela de la démence ou de la folie? Peu m'importe à moi, pourvu que vous reconnaissiez
que grâce à mes bienfaits l'animal de loin le
plus malheureux de tous s'élève à un tel degré
de félicité qu'il ne voudrait pas changer son
sort même avec le roi de Perse.

Les poètes me doivent moins, bien qu'ils soient d'office de mon ressort, puisqu'ils sont une race d'hommes libres, comme dit le proverbe, qui n'a pas d'autre soin que de charmer l'oreille des fous par de pures fadaises et des fables amusantes. Et pourtant dire que c'est avec ça qu'ils se promettent l'immortalité et une vie semblable à celle des dieux et qu'ils en donnent la garantie à d'autres! De cette confrérie plus que d'aucune autre Philautie et Kolakie sont les familières, et aucune catégorie de mortels ne m'honore avec plus de simplicité et de constance.

Ensuite les rhéteurs, bien qu'à la vérité ils prévariquent quelque peu et soient de connivence avec les philosophes, ils sont eux aussi de mon parti, comme le prouve entre autres et avant tout le fait qu'en plus de maintes bagatelles ils ont tellement écrit et avec tant de soin sur l'art de plaisanter. Et même la folie en personne est comptée parmi les espèces de la facétie par l'auteur quel qu'il soit, de la *Rhétorique d'Hérennius;* et le fait que chez Quintilien, de loin le premier dans cet ordre, le chapitre sur le rire est plus long que l'*Iliade;*

enfin, ils font tant de crédit à la folie que souvent ils l'éludent par un éclat de rire ce qu'aucun argument ne pourrait réfuter. A moins que quelqu'un pense que cela n'est pas du ressort de la folie d'exciter des éclats de rire par des mots drôles, et selon les règles de l'art.

Ils sont de la même eau ceux qui cherchent une gloire immortelle par la publication de leurs livres. Tous me doivent beaucoup, mais surtout ceux qui barbouillent des pages de pures balivernes. Car ceux qui écrivent savamment, pour se faire apprécier de quelques docteurs, et qui ne récuseraient ni Persius, ni Laelius pour juges, font plus pitié qu'ils ne sont heureux, me semble-t-il, car ils se torturent perpétuellement: ils ajoutent, changent, suppriment, abandonnent, reprennent, refondent, font lire, referment pour huit ans, ne sont jamais satisfaits d'eux-mêmes et ils achètent très cher une futile récompense, des louanges, et d'un tout petit nombre, et par tant de veilles, au prix d'une telle perte de sommeil (le plus doux de tous les biens!), par tant de sueurs et tant de tourments! Ajoutez-y le délabrement de la santé, la ruine de la beauté, l'affaiblissement ou même la perte de la vue, la pauvreté, les

envieux, la privation des plaisirs, une vieillesse
précoce, une mort prématurée et tous les autres
maux de cette sorte. Ce sage pense qu'il doit
acheter par toutes ces misères l'approbation
d'un ou deux chassieux. Au contraire, mon
écrivain à moi, avec quel bonheur il divague!
livrant à l'écriture sans qu'il ait à veiller, tout
ce qui lui passe par la tête, tout ce qui vient
sous sa plume, même ses rêveries, sans autre
petite dépense qu'un peu de papier, sachant
bien que plus niaises seront ses niaiseries, plus
il sera applaudi du plus grand nombre, c'est-à-
dire de tous les fous et les ignorants. Car ce
n'est pas une affaire si trois sages le méprisent,
si tant est qu'ils l'aient lu! Et que pèsera le
suffrage d'un si petit nombre de sages contre
la foule immense de ceux qui l'acclament?
Mais plus sages encore ceux qui publient
comme leurs les ouvrages d'autrui et s'attribuent en paroles la gloire qu'un autre a enfan-
tée à force de travail; ils sont pleins d'assu-
rance car ils estiment que, même s'ils viennent
à être entièrement convaincus de plagiat, ils
auront en attendant bénéficié d'un assez long
délai. Cela vaut vraiment la peine de voir
comme ils sont contents d'eux quand le public
fait leur éloge, quand on les montre du doigt

dans la foule: *Le voilà le fameux Un Tel,*
quand ils sont étalés chez les libraires, quand
en haut de chaque page on lit trois noms,
surtout s'ils sont étrangers et cabalistiques. Par
Dieu immortel, sont-ils autre chose que des
noms? Et puis ils seront connus par tellement
peu de gens, si on pense à l'immensité du
monde, et loués par encore moins, puisque les
goûts sont divers, même ceux des ignorants.
D'ailleurs ces noms eux-mêmes sont le plus
souvent inventés ou empruntés aux livres
anciens. L'un est tout heureux de se faire
appeler Télémaque, l'autre Stélène ou Laerte;
celui-ci Polycrate celui-là Thrasymaque et ce
serait absolument pareil s'ils avaient signé
Caméléon ou Citrouille ou si on intitulait le
livre, comme font les philosophes, alpha ou
bêta. Mais le plus joli c'est qu'ils se louent
l'un l'autre en s'échangeant des lettres, des
poèmes, des éloges, de fou à fou, d'ignorant à
ignorant. Celui-ci est un Alcée au suffrage de
celui-là, celui-là un Callimaque pour celui-ci.
L'un est pour l'autre supérieur à Cicéron,
l'autre est pour le premier plus savant que
Platon. Quelquefois même ils cherchent un
antagoniste pour accroître leur renommée par
une rivalité. Alors le public incertain se divise

en deux camps, jusqu'à ce que les deux chefs
après avoir bien combattu se retirent en vain-
queurs et remportent tous les deux les honneurs du triomphe. Les sages se moquent à
juste titre de cette extrême folie; et qui le nie?
Mais en attendant, grâce à moi, ils mènent une
vie agréable et ne changeraient pas leurs triomphes, même pour ceux des Scipion. D'ailleurs
les savants aussi qui trouvent un grand plaisir
à rire de tout cela et jouissent de la démence
d'autrui, ne me sont pas peu redevables eux-
mêmes et ils ne sauraient le nier sans être des
monstres d'ingratitude.

LI

Parmi les érudits les jurisconsultes revendiquent pour eux la première place et personne ne leur plaît autant qu'eux-mêmes alors qu'ils roulent sans fin le rocher de Sisyphe, entrelacent six cents lois d'un même souffle (peu importe qu'elles aient un rapport avec l'affaire), alors qu'ils accumulent gloses sur gloses, opinions sur opinions, pour faire paraître leur discipline la plus difficile de toutes. Car ils s'imaginent que tout ce qui donne de la peine est de ce seul fait méritoire.

Joignons-leur les dialecticiens et les sophistes, espèce d'homme plus loquace que
n'importe quel airain de Dodone, dont chacun
pourrait concourir en bavardage avec vingt
femmes choisies. Ils seraient cependant plus
heureux s'ils se contentaient d'être bavards,
mais ils sont de surcroît querelleurs au point de
se battre en duel avec acharnement pour de la
laine de chèvre et dans l'ardeur de leur dispute
ils perdent de vue la vérité. Pourtant leur
philautie les rend heureux quand, armés de
trois syllogismes, ils osent sans hésitation en
venir aux mains avec n'importe qui sur n'importe quoi. D'ailleurs leur entêtement les rend
invincibles, même si on leur opposait Stentor.

Après eux s'avancent les philosophes, vénérables par leur barbe et leur manteau, qui se proclament les seuls sages tandis que le reste des mortels sont des ombres qui voltigent. Quels délicieux délires d'édifier des mondes innombrables, de mesurer le soleil, la lune, les étoiles, les sphères, comme avec le pouce ou le fil, de rendre raison de la foudre, des vents, des éclipses, de tous les phénomènes inexplicables, sans jamais hésiter, exactement comme s'ils avaient part aux secrets de la nature architecte de toutes choses et nous arrivaient du conseil des dieux! Mais la nature se rit superbement d'eux et de leurs conjectures. Car ils n'ont rien d'assuré, comme en donne une bonne preuve leurs querelles interminables sur chaque question. Comme ils ne savent rien de tout, ils prétendent tout savoir; et comme ils s'ignorent eux-mêmes et quelquefois ne voient même pas le fossé ou la pierre sur leur chemin, soit parce qu'ils ont la vue faible pour la plupart, soit parce que leur esprit vagabonde, ils prétendent pourtant voir idées, universaux, formes séparées, matières premières, quiddités, eccéités, formalités, instances, réalités si subti-

les que même Lyncée, je crois, ne pourrait les
voir. Mais ils ne sont jamais plus méprisants
avec le profane vulgaire que lorsque avec
triangles, quadrilatères, cercles et autres figures
mathématiques de ce genre, tracées les unes
sur les autres et enchevêtrées en manière de
labyrinthe, avec de plus des lettres disposées
comme en ordre de bataille, et souvent redistri-
buées selon toutes les combinaisons possibles,
ils répandent des ténèbres sur de plus ignorants. Il n'en manque pas dans ce genre qui
prédisent aussi l'avenir en consultant les astres,
promettent des miracles plus que magiques et
trouvent aussi, heureux hommes!, des gens
pour y croire!

Quant aux théologiens, il vaudrait peut-être mieux les passer sous silence, *ne pas remuer cette Camarine* ni toucher cette anagyre, car c'est une race étonnamment sourcilleuse et irritable; ils seraient bien capables de m'attaquer avec mille conclusions formées en escadron, de me forcer à la rétractation et, en cas de refus, de me proclamer hérétique. Car ils ont l'habitude de terroriser sur le champ avec cette foudre ceux qu'ils n'aiment pas.

Bien que personne d'autre ne reconnaisse moins facilement mes bienfaits, ils me sont pourtant redevables à des titres non négligeables quand leur propre philautie les rend heureux comme s'ils habitaient le septième ciel, et qu'ils regardent de haut le reste des mortels comme des animaux qui rampent sur le sol et dont ils ont presque pitié. Ou bien quand, entourés d'une armée de définitions magistrales, de conclusions, de corollaires, de propositions explicites et implicites, ils débordent de tant d'échappatoires que même les filets de Vulcain ne sauraient les enfermer sans qu'ils y échappent par des distinctions qui tranchent tous les nœuds aussi facilement que la hache

de Ténédos, tant ils regorgent de mots nou-
vellement inventés et de termes extraordinaires.
En outre, ils expliquent à leur guise les mystères sacrés: comment le monde a été créé et
ordonné, par quels canaux la tache du péché
est passée à la postérité, par quels moyens,
dans quelle mesure, en quel laps de temps le
Christ a été achevé dans le ventre de la Vierge;
comment, dans l'Eucharistie, les accidents
subsistent sans la substance. Mais ce sont là
des questions rebattues. En voici qu'ils jugent
plus dignes de grands théologiens illuminés,
comme ils disent, et qui les réveillent quand ils
les rencontrent: y a-t-il un instant dans la
génération divine? Y a-t-il plusieurs filiations
dans le Christ? La proposition «Dieu le Père
hait son fils» est-elle soutenable? Dieu aurait-il
pu s'incarner dans une femme? Et dans un
diable, et dans un âne, et dans une citrouille, et
dans un caillou? Dans ces conditions comment
la citrouille aurait-elle prêché, fait des miracles, été attachée à la croix? Et qu'aurait
consacré Pierre s'il avait consacré pendant que
le corps du Christ était suspendu à la croix? Et
est-ce qu'on aurait pu dire qu'au même moment le Christ était homme? Et est-ce qu'après
la résurrection il sera permis de boire et de

manger? Ces gens se garantissent dès à présent
de la faim et de la soif.

Il y a d'innombrables *finasseries,* encore plus subtiles, sur les notions, les relations, les formalités, les quiddités, les eccéités, choses que personne ne saurait atteindre du regard, à moins d'être un Lyncée pour voir à travers les plus profondes ténèbres, ce qui n'existe nulle part. Ajoutez-y des *sentences si paradoxales* que les oracles des stoïciens, qu'on appelle des paradoxes, paraissent auprès d'elles grossières et faites pour le forum, par exemple: «C'est un moins grand crime d'égorger mille hommes que de coudre une seule fois la chaussure d'un pauvre le dimanche» et «Il vaudrait mieux que l'univers entier périsse avec vivres et vêtements, comme on dit, plutôt que de faire un seul mensonge, si petit soit-il». Ces subtilités déjà si subtiles sont rendues encore plus subtiles par les nombreuses écoles scolastiques, en sorte qu'on aurait plus vite fait de se sortir d'un labyrinthe que des tortuosités des réalistes, nominalistes, thomistes, albertistes, occamistes, scotistes; et je n'ai pas nommé toutes les écoles mais seulement les principales. Dans toutes il y a tant d'érudition, tant de complexité qu'à mon sens les apôtres eux-mêmes auraient besoin d'un autre Esprit s'il leur fallait engager la lutte contre ce nouveau genre de théologiens. Paul a su faire preuve de foi, mais quand il dit: «La foi est la substance des choses qu'on doit espérer, la preuve de celles qu'on ne voit pas», il l'a définie de façon peu magistrale. Il a aussi pratiqué parfaitement la charité, mais c'est de façon peu dialectique qu'il l'a définie et l'a divisée au chapitre XIII de la première épître aux Corinthiens. Certes, les apôtres consacraient pieusement l'Eucharistie, et pourtant si on les avait interrogés sur le *terminus a quo* et le *terminus ad quem,* sur la transsubstantiation, sur la façon dont un même corps est présent en divers lieux, sur les différences entre le corps du Christ au ciel, sur la croix et dans le sacrement de l'eucharistie, sur l'instant où se fait la transsubstantiation vu que les paroles qui l'opèrent étant une quantité discrète sont dans l'écoulement du temps, leur réponse, je crois, n'aurait pas égalé la pénétration avec laquelle les scotistes dissertent sur ces questions, et les définissent. Les apôtres, eux, connaissent la mère de Dieu, mais lequel d'entre eux a démontré aussi philosophiquement que nos théologiens comment elle a été préservée de la souillure d'Adam? Pierre a reçu les clefs et il les a reçues de celui qui ne les confierait pas à un indigne, mais je ne sais

pas s'il a compris, en tout cas il n'a nulle part
abordé cette subtilité, qu'on peut avoir la clef
de la science même sans avoir la science. Ils
baptisaient partout et pourtant nulle part ils
n'ont enseigné quelle est la cause formelle,
matérielle, efficiente et finale du baptême et
chez eux nulle mention de son caractère délé-
bile ou indélébile. Ils adoraient certes, mais en
esprit, ne se bornant à suivre que cette parole
évangélique: «Dieu est esprit, et ceux qui
l'adorent doivent l'adorer en esprit et en vérité.» Cependant il n'apparaît pas qu'on leur ait
révélé qu'il faut adorer de la même adoration
une petite image tracée au charbon sur un mur
et le Christ lui-même, pourvu qu'il soit avec
deux doigts tendus, les cheveux longs et qu'il
ait trois rayons sur l'auréole fixée à l'occiput.
En effet, qui peut comprendre cela s'il n'a usé
trente-six années entières sur la physique et la
métaphysique d'Aristote et de Scot? Les apôtres parlent continuellement de la grâce, mais
jamais ils ne signalent la différence entre grâce
gratuitement donnée et grâce gratifiante. Ils
exhortent aux bonnes œuvres, mais ils ne
distinguent pas œuvre opérante et œuvre opé-
rée. Partout, ils enseignent la charité sans
séparer l'infuse de l'acquise, et n'expliquent

pas si elle est substance ou accident, chose
créée ou incréée. Ils détestent le péché, mais
que je meure s'ils ont su définir scientifique-
ment ce que nous appelons le péché, à moins
que par hasard ils aient été instruits par l'esprit
des scotistes. Car on ne me fera pas croire que
Paul, dont la science à elle seule permet de
juger du savoir de tous les autres, aurait tant de
fois condamné les questions, les débats, les
généalogies, et, comme il dit, les *logomachies*,
s'il avait été versé dans ces arguties, surtout
qu'en ce temps-là toutes les disputes, toutes les
discussions, étaient rustiques et grossières si on
les compare aux subtilités de nos maîtres plus
subtiles que celles de Chrysippe.

D'ailleurs, ces hommes sont assez modestes pour ne pas condamner ce que les apôtres
ont pu écrire d'imparfait et de peu magistral,
mais ils l'interprètent de façon convenable,
bien sûr en témoignage de considération, tant
à l'égard de leur ancienneté, qu'à leur titre
d'Apôtres. Et par Hercule il n'aurait pas été
juste d'exiger d'eux de si grands enseigne-
ments, dont ils n'avaient jamais entendu le
premier mot de la bouche de leur précepteur.
Si la même chose vient à se produire dans
Chrysostome, Basile ou Jérôme, ils se conten-

tent alors de noter en marge: «Ce n'est pas
admis.» Et ces Pères ont bien réfuté les philosophes païens et les Juifs, fort obstinés de
nature, mais ils l'ont fait par leur vie et leurs
miracles plus que par des syllogismes, car
aucun d'eux n'aurait été capable de saisir le
moindre *quodlibetum* de Scot. Mais aujourd'hui, quel païen, quel hérétique ne céde-
rait pas aussitôt devant de si fines subtilités, à
moins d'être assez lourd pour ne pas comprendre, ou assez impudent pour siffler ou, au
courant des mêmes ficelles, pour lutter à armes
égales, comme quand on met aux prises un
mage avec un mage, ou que quelqu'un combat
avec une épée enchantée quelqu'un qui a aussi
une épée enchantée; ce qui reviendrait alors à
détisser et retisser sans fin la toile de Pénélope.
A mon avis, les chrétiens seraient sages si au
lieu de ces lourdes cohortes de soldats qui
depuis longtemps combattent sans succès, ils
envoyaient des scotistes braillards, des occamistes opiniâtres, des albertistes invincibles et
toute la troupe des sophistes contre les Turcs et
les Sarrasins: on assisterait, je crois, à la plus
plaisante des batailles et à une victoire sans
pareille. Car qui serait assez froid pour ne pas
être enflammé par leurs pointes, assez passif

pour ne pas être excité par leurs aiguillons,
assez éclairé pour ne pas être aveuglé par leurs
si épaisses ténèbres?

Mais vous croyez que tout ce que je vous
dis n'est qu'une plaisanterie. Ce n'est pas
vraiment étonnant, car parmi les théologiens
eux-mêmes il y en a qui, formés aux meilleu-
res lettres, estiment frivoles les arguties des
théologiens, et en ont la nausée. Il y en a qui
les exècrent comme des sacrilèges et regardent
comme le comble de l'impiété de parler avec
une bouche aussi impure des mystères qu'on
doit plutôt adorer qu'expliquer, d'en discuter
avec les arguties profanes des païens, de les
définir avec tant d'arrogance, de souiller la
majesté de la théologie divine avec des mots et
des pensées aussi froides et même aussi sordides.

Mais eux, cependant, sont infiniment
satisfaits d'eux-mêmes; bien mieux, ils s'applaudissent d'être nuit et jour occupés de
délicieuses sornettes au point qu'il ne leur reste
plus une minute pour lire, même une fois,
l'Évangile et les Épîtres de Paul. Et pendant
qu'ils s'amusent ainsi dans leurs écoles, ils
s'imaginent soutenir l'Église universelle ruinée
sans cela, avec les piliers de leurs syllogismes,

tout comme Atlas, au dire des poètes, soutient le ciel sur ses épaules. Et vous imaginez leur bonheur quand ils façonnent et refaçonnent à leur guise les Saintes Ecritures, comme si c'était de la cire molle, quand ils exigent qu'on regarde leurs conclusions, déjà approuvées par quelques scolastiques, comme supérieures aux lois de Solon et même préférables aux décrets pontificaux, quand ils s'érigent en censeurs de l'univers et amènent à rétractation tout ce qui ne se conforme pas rigoureusement à leurs conclusions explicites et implicites et qu'ils prononcent sur un ton d'oracle: «Cette proposition est scandaleuse»; «celle-ci est irrévérencieuse»; «celle-ci sent l'hérésie»; «celle-ci est malsonnante», si bien que désormais ni le baptême, ni l'Évangile, ni Paul ou Pierre, ni saint Jérôme ou Augustin ni même Thomas *le maître aristotélicien* ne font un chrétien s'il n'y a eu l'approbation des bacheliers, tant est grande leur subtilité de jugement. Qui avait pensé en effet qu'on n'est pas chrétien si l'on dit que les deux propositions: «Pot de chambre, tu pues» et «Le pot de chambre pue», ou bien: «Bouillir à la marmite» et «Faire bouillir la marmite» sont également convenables si ces savants ne l'avaient enseigné? Qui aurait délivré l'Église des profondes ténèbres de ces erreurs, que jamais personne n'aurait lues si eux ne les avaient révélées sous leurs grands sceaux? Vraiment, ne sont-ils pas très heureux lorsqu'ils font tout cela? Et aussi quand ils décrivent en détails tout le monde infernal, comme s'ils avaient passé plusieurs années dans cette république. Et aussi quand ils fabriquent à leur gré de nouvelles sphères, leur en ajoutant pour finir une très vaste et très belle, sans doute pour que les âmes des bienheureux puissent se promener à leur aise, donner des banquets et même jouer à la balle. Ces sornettes et mille autres du même genre leur bourrent et farcissent si bien la tête, que le cerveau de Jupiter n'était pas aussi gros j'imagine, quand il accouchait de Pallas, et implorait la hache de Vulcain. Aussi ne soyez pas surpris si vous voyez leurs têtes si soigneusement serrées de tant de bandeaux dans les discussions publiques, car autrement elles éclateraient.

Il y a une chose aussi qui me fait rire quelquefois c'est qu'ils ne se croient jamais autant théologiens que lorsqu'ils parlent de la façon la plus barbare et la plus sale possible, et qu'ils bégayent au point que seul un bègue pourrait les comprendre, mais ils appellent profondeur ce que le vulgaire ne comprend pas. Ils affirment en effet qu'il serait contraire à la dignité des Saintes Lettres de les contraindre à obéir aux lois de la grammaire. Vraiment la majesté des théologiens est extraordinaire s'ils ont seuls le droit de parler incorrectement, bien qu'ils aient cela en commun avec beaucoup de savetiers. Enfin ils se croient proches des dieux chaque fois qu'on les salue presque dévotement du titre de «*Magistri Nostri*», mots dans lesquels se cache, selon eux, quelque chose de comparable à ce qu'est chez les Juifs le *tétragramme*. C'est pourquoi ils disent qu'il est impie d'écrire MAGISTER NOSTER autrement qu'en majuscules. Quant à celui qui dirait par inversion: «*Noster Magister*» il ruinerait d'un seul coup toute la majesté du titre de théologien.

LIV

Aussitôt après ceux-là, les plus heureux sont ceux qui s'appellent couramment eux-mêmes «religieux» et «moines», deux surnoms tout à fait trompeurs, car la plupart d'entre eux sont fort éloignés de la religion et on les rencontre plus que personne en tous lieux. Je ne vois pas qui pourrait être plus malheureux si je ne venais à leur secours de maintes façons. Car il est de fait que tout le monde exècre ce genre d'hommes au point que les rencontrer même par hasard passe pour un mauvais présage, ce qui ne les empêche pas d'avoir d'eux-mêmes une opinion magnifique. D'abord ils trouvent que le comble de la piété c'est de ne rien savoir des belles-lettres, pas même lire. Ensuite, quand à l'église ils braillent de leur voix d'âne leurs psaumes, dûment numérotés mais nullement compris, alors ils croient vraiment charmer l'oreille des saints d'une infinie volupté. Il y en a quelques-uns parmi eux qui vendent au meilleur prix leur crasse et leur mendicité, et qui beuglent aux portes à tue-tête pour qu'on leur donne du pain, et il n'y a pas d'auberge, de voiture, de bateau qu'ils n'importunent au grand détriment,

c'est sûr, des autres mendiants. Et c'est de
cette manière que ces personnages particulièrement délicieux, avec leur saleté, leur ignorance,
leur grossièreté, leur impudence, font revivre
pour nous, disent-ils, les apôtres.

Quoi de plus plaisant que de les voir faire
selon un règlement, d'après des sortes de cal-
culs mathématiques qu'il serait impie d'en-
freindre: tant de nœuds à la sandale, telle
couleur pour la ceinture, telle teinture pour
chaque pièce du vêtement avec ses diverses
nuances, telle matière et tant de largeur pour la
ceinture, de tel aspect et de telle capacité en
boisseaux pour le capuchon, tant de doigts de
largeur pour la tonsure, tant d'heures de sommeil. Qui ne voit l'inégalité de cette égalité
entre des corps et des esprits si divers? Et c'est
pourtant à cause de ces bagatelles que non
seulement ils font fi des autres mais qu'ils se
méprisent entre eux; et ces hommes, qui ont
fait profession de charité apostolique provo-
quent toute une tragédie et mettent sens dessus
dessous pour un vêtement serré différemment,
pour une couleur un peu plus sombre. Vous en
verrez parmi eux certains si rigidement religieux qu'ils n'emploient par-dessus que de la
laine de Cilicie et par-dessous de la toile de

Milet; d'autres, au contraire, portent le lin par-dessus la laine par-dessous. D'autres redoutent comme l'aconit le contact de l'argent, mais ils ne se refusent ni le vin ni le contact des femmes. Enfin tous mettent un zèle admirable à se singulariser par leur mode de vie. Leur plus grand désir est de ne pas se ressembler entre eux. Ils tirent aussi une bonne part de leur bonheur de leurs surnoms: ils sont contents d'être appelés cordeliers et certains parmi eux colétans, d'autres mineurs, d'autres minimes, d'autres bullistes. Et voici les bénédictins, et voilà les bernardins; ici les brigittins, là les augustiniens, ici les guillemites, là les jacobites, comme si c'était trop peu d'être appelés chrétiens. La plus grande partie d'entre eux ont tant de confiance dans leurs cérémonies et leurs petites traditions humaines qu'ils pensent qu'un seul ciel n'est pas suffisant pour récompenser tant de mérites; ils n'imaginent pas que le Christ, méprisant tout cela, ne demandera compte que de son précepte, celui de charité. L'un étalera son estomac gonflé de poissons de toutes sortes. Un autre videra cent boisseaux de psaumes. Un autre comptera ses myriades de jeûnes et chaque fois imputera son ventre, plein à crever, à son unique repas. Un autre

produira un tel tas de cérémonies que sept
navires auraient du mal à le transporter. Un
autre se glorifiera de n'avoir jamais touché à
de l'argent, pendant soixante ans, si ce n'est
avec des doigts protégés par des doubles gants.
Un autre présentera son capuchon, si sordide et
crasseux que pas un seul matelot ne voudrait le
mettre. Un autre rappellera qu'il a mené pendant plus de onze lustres une vie d'éponge,
toujours fixé au même lieu. L'un présentera sa
voix cassée à force de chanter, l'autre sa
léthargie attrapée dans la solitude, l'autre sa
langue paralysée par un silence perpétuel. Mais
le Christ interrompra ces glorifications qui sans
cela ne finiraient jamais: «D'ou vient, dira-t-il,
ce nouveau genre de Juifs? Je ne reconnais
qu'une seule loi qui soit véritablement la
mienne et c'est la seule dont je n'entends pas
parler. Jadis, sans employer le voile d'aucune
parabole, j'ai promis clairement l'héritage de
mon père non pas à des capuchons, à des
petites prières ou à des jeûnes mais aux devoirs de charité. Je ne connais pas ceux qui
connaissent trop bien leurs œuvres; ces gens
qui veulent paraître encore plus saints que moi
qu'ils occupent, si bon leur semble, les cieux
des abraxiens ou qu'ils se fassent construire un

nouveau ciel par ceux dont ils ont préféré les petites traditions à mes préceptes.» Quand ils entendront cela et verront que des matelots et des charretiers leur sont préférés, de quel air, croyez-vous, se regarderont-ils les uns les autres?

Mais en attendant leur espérance les rend heureux, non sans ma grâce. Et, bien qu'ils soient étrangers à la chose publique, personne n'ose les dédaigner, surtout les mendiants, parce qu'ils connaissent tous les secrets de tout le monde grâce à ce qu'ils appellent des confessions. Ils considèrent pourtant comme un sacrilège de les révéler sauf quelquefois quand ils ont bu et qu'ils veulent se divertir avec des histoires drôles, mais ils racontent la chose sous le couvert de suppositions en taisant les noms. Si quelqu'un a irrité ces frelons, ils se vengent alors dans leurs sermons publics, et par des allusions indirectes ils désignent leur ennemi, à mots si couverts que tout le monde comprend, sauf ceux qui ne comprennent rien! Et ils ne cessent d'aboyer que si on leur met la pâtée dans la bouche.

Allons! vraiment, quel comédien, quel bateleur donnerait un meilleur spectacle que ceux-ci faisant de la rhétorique dans leurs sermons, avec un parfait ridicule, mais en imitant de façon agréable ce que les rhéteurs ont enseigné sur l'art de parler? Dieu immortel, comme ils gesticulent, comme ils changent de voix quand il faut, comme ils chantonnent, comme ils se démènent, comme ils changent de visage à volonté, comme ils jettent le trouble partout avec leurs cris! Et cet art de prier, un petit frère le transmet à un autre petit frère, de la main à la main, comme une chose secrète. Bien qu'il ne me soit pas permis de le connaître, j'en parlerai pourtant tant bien que mal par conjectures.

En premier lieu ils font une invocation, ce qui est un usage emprunté aux poètes. Puis, s'ils ont à parler de la charité, ils prennent leur exorde du Nil, fleuve d'Égypte; ou pour expliquer le mystère de la croix, ils commencent avec à-propos par le dragon babylonien Bel; ou bien pour traiter du jeûne ils remontent aux douze signes du Zodiaque; s'ils veulent parler sur la foi, ils font un long préambule sur la quadrature du cercle. J'ai moi-même entendu un fou — pardon, je voulais dire: un savant — éminent qui allait expliquer le mystère de la sainte Trinité devant un auditoire fort nombreux; pour montrer sa science peu commune et satisfaire les oreilles théologiques, il s'engagea dans une voie vraiment nouvelle: les lettres, les syllabes, les parties des discours, puis l'accord du nom et du verbe, de l'adjectif et du substantif. La plupart des auditeurs

étaient étonnés et quelques--uns chuchotaient à
part eux le mot d'Horace:

«Où nous mènent ces fadaises?»

Il finit par aboutir à la démonstration que
l'image de la Trinité était si bien représentée
dans les éléments de la grammaire qu'aucun
mathématicien ne pouvait en tracer sur le sol
de plus évidents symboles. Ce *suprême théologien* avait sué huit mois entiers sur ce discours,
si bien qu'aujourd'hui encore il est plus aveugle que les taupes, car toute l'acuité de sa vue
a sans doute été détournée au profit de la
finesse de son esprit. Mais notre homme ne
regrette pas d'être aveugle et pense même qu'il
n'a pas payé cher pour une telle gloire!

J'en ai entendu un autre, octogénaire, si
théologien que vous l'auriez pris pour Scot
ressuscité. Voulant expliquer le mystère du
nom de Jésus, il démontra avec une étonnante
subtilité que tout ce qui peut être dit sur le
sujet est caché dans les lettres mêmes de son
nom. En effet, la désinence d'un mot n'a que
trois cas, symbole évident de la divine Trinité.
Ensuite le premier, Iesus, a une flexion en s, le
second, Iesum, en m, le troisième Iesu, en u: il

y a là dedans un mystère *ineffable*: ces trois
petites lettres indiquent, en effet, qu'il est le
sommet, le milieu et l'ultime. Restait un mystère encore plus profond que ceux-là, et qui
tenait au raisonnement mathématique; il divisa
le nom de Jésus en deux parties égales de telle
façon, évidemment, qu'il restait une penthémi-
mère au milieu. Il montra ensuite que, chez les
Hébreux, cette lettre est Ѱ, qu'ils appellent
«syn»; et en plus que «syn» dans la langue des
scots, je crois, signifie «péché»; par là il était
donc manifestement démontré que Jésus est
celui qui devait effacer les péchés du monde.
Un exorde si nouveau laissa bouche bée tous
les auditeurs, surtout les théologiens, qui
faillirent subir le sort de Niobé jadis, tandis
qu'à moi un peu plus il m'arrivait la même
chose qu'à ce Priape de figuier qui autrefois,
pour son grand malheur, avait assisté aux
sacrifices nocturnes de Canidie et de Sagane.
Et vraiment ce n'aurait été que justice, car
quand a-t-on vu le Grec Démosthène ou le
Latin Cicéron imaginer pareille *ouverture*? Ils
tenaient pour vicieux un exorde trop étranger
au sujet; comme si ce n'était pas les porchers
qui faisaient des exordes de ce genre; c'est vrai
qu'ils ont la nature pour maître. Mais nos

doctes croient que leur préambule (c'est le mot
qu'ils emploient) ne sera éminemment rhétorique que s'il n'y a nulle part quoi que ce soit
qui touche au reste du sujet, si bien que l'auditeur pendant ce temps-là en admiration, se
murmure à lui-même: «Mais où court-il celui-
là?»

En troisième lieu, comme narration (c'est
le mot qu'ils emploient), ils interprètent un
petit passage de l'Évangile, mais en vitesse et
comme en passant, alors que c'est la seule
chose qu'ils auraient dû faire. En quatrième
lieu, changeant de rôle, ils soulèvent une
question théologale qui n'a quelquefois *rien à
voir ni avec le ciel ni avec la terre*. Et ils
pensent que cela aussi fait partie de l'art. C'est
ici enfin qu'ils déploient toute leur morgue
théologique, bourrant nos oreilles des titres
magnifiques de docteurs solennels, docteurs
subtils, docteurs subtilissimes, docteurs séra-
phiques, docteurs chérubiniques, docteurs
saints, docteurs irréfragables. Puis ils jettent à
la tête du vulgaire incompétent: syllogismes,
majeures, mineures, conclusions, corollaires,
suppositions, fadaises mortelles et plus que
scolastiques. Reste maintenant le cinquième
acte où il convient de montrer l'artiste au

sommet de son talent. Alors ils racontent quelque histoire stupide et grossière, tirée, je pense, du *Miroir historial* ou des *Gestes des Romains* et ils l'interprètent selon les sens allégorique, tropologique et anagogique. Et c'est de cette façon qu'ils achèvent leur Chimère, que même Horace n'a pas pu imaginer quand il écrivait: «A une tête humaine, etc.»

Mais je ne sais qui leur a appris que le début du discours doit être d'un ton calme et sans éclats; donc ils commencent d'une voix qu'ils n'entendent pas eux-mêmes, comme si cela valait la peine de parler pour n'être compris de personne. On leur a appris qu'il faut parfois user d'exclamations pour remuer les passions. Par conséquent alors qu'ils parlent d'un ton simple, de temps en temps ils élèvent soudain la voix et poussent des cris forcenés, même sans aucune raison. On jurerait que l'individu a besoin d'ellébore, comme quelqu'un qui hurlerait hors de propos. De plus, comme ils ont appris que leur parole doit s'échauffer progressivement, après avoir récité tant bien que mal le début de chaque partie, bientôt ils enflent prodigieusement la voix, même si le sujet est tout à fait indifférent, et enfin ils terminent de telle façon qu'on croirait

qu'ils ont perdu le souffle. Enfin ils ont appris
qu'il est fait mention du rire chez les rhéteurs
et ils s'appliquent donc eux aussi à semer
quelques plaisanteries, *ô chère Aphrodite*! avec
quelle grâce et quel à-propos: on dirait vraiment *l'âne à la lyre!* Ils mordent aussi quelquefois, mais de telle façon qu'ils chatouillent
plus qu'ils ne blessent. Et ils ne flattent jamais
mieux que lorsqu'ils veulent se donner l'air de
la franche critique. Enfin, leur action oratoire
est tout entière de telle sorte qu'on jurerait
qu'ils l'ont appris chez les bateleurs de foire
qui leur sont de loin supérieurs. D'ailleurs, ils
se ressemblent tellement entre eux qu'à n'en
pas douter ils ont appris la rhétorique soit
ceux-ci chez ceux-là, soit ceux-là chez ceux-ci.

Malgré cela, ces gens eux aussi, sans
aucun doute grâce à moi, trouvent des auditeurs qui croient entendre d'authentiques Démosthène et Cicéron. De ce genre sont surtout
les marchands et les femmes, aux oreilles
desquels ils cherchent à être particulièrement
agréables. Car les premiers leur accordent une
petite part sur leurs biens mal acquis, s'ils ont
été flattés comme il faut; et les secondes ont
de nombreux motifs de leur accorder leur
sympathie, avant tout parce qu'elles ont l'habi-

tude de s'épancher dans leur sein quand elles sont fâchées contre leurs maris. Vous voyez, je pense, combien me doit cette catégorie d'hommes qui, avec de petites cérémonies, des balivernes ridicules et des cris exercent sur les mortels une sorte de tyrannie, et se croient des Paul et des Antoine.

LV

Mais j'abandonne volontiers ces histrions aussi ingrats pour dissimuler mes bienfaits qu'obstinés à feindre la piété. Car depuis longtemps j'ai envie de vous parler des rois et des princes de cour qui me rendent un culte très franc et loyal comme il convient à des hommes libres. S'ils avaient seulement une demi-once de bon sens qu'y aurait-il de plus triste ou de moins enviable que leur vie? Car personne n'estimerait que le trône mérite un parjure ou un parricide si l'on prenait conscience du poids énorme que doit soutenir sur ses épaules celui qui veut vraiment tenir le rôle de prince. S'il se charge du gouvernement il administre une affaire publique et non pas privée, il doit ne penser qu'à l'intérêt général, ne pas s'écarter d'un pouce des lois dont il est lui-même l'auteur et l'exécuteur, répondre de l'intégrité des fonctionnaires et des magistrats; il est seul exposé aux regards de tous, soit comme un astre salutaire, qui peut apporter la plus grande prospérité aux affaires humaines, soit comme une comète mortelle qui n'amène que ruines. On ressent moins les effets des

vices des autres, et ils n'ont pas une telle
répercussion.

Mais le prince est à une place telle que s'il
s'écarte un tant soit peu de la moralité, aussitôt
une grave épidémie se propage chez la plupart
des hommes. Puis, comme la condition de
prince apporte avec elle trop de choses qui
d'ordinaire écartent du droit chemin, tels que
les plaisirs, l'absence de contraintes, la flatterie, le luxe, il doit redoubler d'efforts et bien
se tenir en garde pour ne pas manquer à son
devoir, même par erreur. Enfin, sans parler des
pièges, des haines, de tous les autres dangers et
des craintes, au-dessus de sa tête se tient le roi
véritable qui va bientôt lui demander compte
même de ses moindres fautes, avec d'autant
plus de sévérité qu'il aura exercé un plus grand
pouvoir. Si un prince, disais-je, soupesait ces
choses et bien d'autres semblables (or il les
soupèserait s'il était sage), il ne pourrait, je
crois, prendre aucun plaisir à dormir ou à
manger. Mais voilà que, par ma faveur, ils
abandonnent aux dieux tous ces soucis, ne
s'occupent confortablement que d'eux-mêmes
et ne laissent venir jusqu'à leur oreille que
celui qui sait leur dire des choses agréables, de
peur que n'apparaisse dans leur âme quelque

inquiétude. Ils croient avoir rempli honnête-
ment tout leur rôle de prince s'ils chassent
assidûment, s'ils entretiennent de bons chevaux, s'ils vendent à leur profit magistratures
et dignités, s'ils inventent chaque jour de
nouveaux moyens pour réduire les ressources
des citoyens et les faire passer dans leur cas-
sette, mais en trouvant des prétextes appropriés
pour que la chose présente tout de même un
semblant d'équité, même si elle est totalement
inique. Ils y ajoutent délibérément un brin de
flatterie pour s'attacher tant bien que mal les
masses populaires. Figurez-vous maintenant, il
y en a quelquefois, un homme ignorant des
lois, presque ennemi du bien public, occupé de
son bien personnel, adonné aux plaisirs, haïssant le savoir, haïssant la liberté et la vérité,
qui a pour dernier souci la prospérité de l'État,
mesurant tout selon sa passion et ses intérêts.
Donnez-lui ensuite le collier d'or, symbole de
l'accord de toutes les vertus réunies; puis une
couronne ornée de pierres précieuses, pour lui
rappeler qu'il doit surpasser tous les autres
hommes dans toutes les vertus héroïques; de
plus, le sceptre, emblème de la justice et d'un
cœur toujours incorruptible; enfin la pourpre,
signe d'un amour ardent du bien public. Si le

prince compare ses objets avec sa vie, je crois qu'il aura grand honte de ces ornements et il redoutera qu'un interprète moqueur ne tourne en dérision et en plaisanterie tout cet attirail de théâtre.

LVI

Que dirai-je maintenant des Grands de la cour? Rien de plus soumis, de plus servile, de plus insipide, de plus plat que la plupart d'entre eux; et pourtant ils veulent passer pour l'élite de la Création. Il y a toutefois un projet où ils sont très modestes; ils se contentent de se couvrir le corps d'or, de pierreries, de pourpre, des autres emblèmes des vertus et de la sagesse, et laissent à d'autres tout le soin de les pratiquer. Ils s'estiment assez heureux s'ils peuvent appeler le roi «Sire», s'ils ont appris à le saluer en trois mots, s'ils savent placer souvent des titres fort civils, Sérénité, Domination, Magnificence, s'ils s'en barbouillent joliment le museau, s'ils flattent avec grâce. Voilà les arts qui conviennent vraiment à un noble et à un courtisan. D'ailleurs si vous examinez de plus près leur façon de vivre, vous trouverez certainement de «vrais Phéaciens», «des prétendants de Pénélope»...; vous connaissez la suite du vers, Écho vous la redira mieux que moi. On dort jusqu'à midi, à ce moment-là un petit prêtre à gages est au pied du lit, tout prêt à expédier une messe alors qu'on est encore couché. Puis c'est le petit déjeuner; à peine est-il terminé que déjà le déjeuner les appelle. Ensuite: les dés, les échecs, les loteries, les bouffons, les fous, les filles, les jeux, les vulgarités. Entre-temps, une ou deux collations. De nouveau à table, puis des beuveries plutôt deux fois qu'une par Jupiter! Et c'est ainsi que s'écoulent sans aucun ennui les heures, les jours, les mois, les années, les siècles. Moi-même quelquefois, je sors de là en pleine forme, quand je les vois si *imbus de leur grandeur,* tandis que chaque nymphe se croit d'autant plus proche des dieux qu'elle traîne une plus longue queue, tandis que les grands jouent des coudes pour paraître plus près de Jupiter, tandis que chacun est d'autant plus content de soi qu'il porte au cou une plus lourde chaîne pour montrer non seulement sa richesse, mais aussi sa force.

LVII

Mais en vérité depuis longtemps les souverains pontifes, les cardinaux, les évêques rivalisent délibérément avec les habitudes des princes et en sont presque à les dépasser. Pourtant si l'un d'eux réfléchissait à ce que rappelle l'habit de lin, blanc comme neige, c'est-à-dire une vie absolument sans tache; à ce que veut dire la mitre à deux cornes dont les pointes sont réunies par un même nœud, à savoir une connaissance parfaite à la fois du Nouveau et de l'Ancien Testament, et les mains couvertes par des gants: l'administration des sacrements pure et non souillée du contact des choses humaines; et la crosse: le soin très vigilant du troupeau qui lui est confié; et la croix portée devant lui: la victoire sur toutes les passions humaines; si l'un d'eux, dis-je, réfléchissait à cela et à bien d'autres choses du même ordre, ne mènerait-il pas une vie de tristesse et de souci? Mais maintenant ils s'en tirent joliment puisque c'est eux-mêmes qu'ils mènent au pâturage. Quant au soin du troupeau, ou bien ils le confient au Christ lui-même ou bien le rejettent sur ceux qu'on appelle «frères» ou sur les vicaires. Et ils ne se souviennent même plus de leur nom, de ce que signifie le mot d'«évêque», c'est-à-dire travail, vigilance, sollicitude. Mais pour attraper l'argent du troupeau, ils font parfaitement les «évêques»: ils surveillent.

LVIII

Il en serait de même si les cardinaux pensaient qu'ils sont les successeurs des apôtres, qu'on exige d'eux la vie dont ils donnèrent l'exemple et qu'ils sont non pas les possesseurs mais les dispensateurs des biens spirituels, dont ils auront à rendre un compte très exact. Mieux encore, s'ils philosophaient un petit moment ne serait-ce que sur leurs propres ornements et pensaient intérieurement: «Que signifie la blancheur de ce vêtement? N'est-ce pas une suprême et parfaite innocence de vie? Et cette doublure intérieure de pourpre? N'est-ce pas l'amour très ardent de Dieu? Et puisqu'il tombe extérieurement en vastes plis, enveloppant jusqu'à la mule entière du révérendissime, alors qu'il suffirait à recouvrir même un chameau, n'est-ce pas la charité qui s'étend immensément pour subvenir à tous, enseigner, exhorter, consoler, corriger, avertir, arrêter les guerres, résister aux princes malhonnêtes et même répandre de bon cœur son sang pour le troupeau chrétien, non pas seulement ses richesses. Et d'ailleurs, au total, à quoi bon les richesses quand on tient la place des Apôtres qui étaient pauvres?» S'ils évaluaient tout

cela, dis-je, ils n'ambitionneraient pas cette
place et l'abandonneraient volontiers ou du
moins ils mèneraient une vie pleine de labeur
et d'inquiétude comme la vécurent, jadis, les
Apôtres.

LIX

Quant aux souverains pontifes qui sont les vicaires du Christ, s'ils s'efforçaient d'imiter sa vie, c'est-à-dire sa pauvreté, ses travaux, sa doctrine, sa croix, son mépris de la vie, s'ils prenaient la peine de réfléchir seulement à leur nom de «pape», autrement dit de père ou à leur surnom de «très saint», qu'y aurait-il sur terre de plus malheureux? Et qui achèterait cette place aux dépens de toutes ses ressources et, après l'avoir acquise, la défendrait par l'épée, par le poison, par toutes sortes de violences? Que d'avantages leur enlèverait la sagesse si elle s'emparait d'eux une seule fois ! Que dis-je la sagesse, mais un seul grain de ce sel dont a parlé le Christ! Tant de richesses, tant d'honneurs, tant d'autorité, tant de victoires, tous ces offices, toutes ces dispenses, tous ces impôts, toutes ces indulgences, tant de chevaux, de mules, de gardes, tant de plaisirs. Vous voyez quels trafics, quelle moisson, quel océan de biens j'ai embrassé en quelques mots! A leur place il mettrait les veilles, les jeûnes, les larmes, les prières, les sermons, les études, les soupirs, mille peines misérables de ce genre. Et même s'il ne faut pas négliger ce qui arriverait: tous ces rédacteurs, tous ces copistes, tous ces notaires, tous ces avocats, tous ces promoteurs, tous ces secrétaires, tous ces muletiers, tous ces palefreniers, tous ces banquiers, tous ces entremetteurs (pour un peu j'ajoutais un mot plus tendre, mais je crains d'offenser vos oreilles), en somme cette immense foule si onéreuse, pardon, je voulais dire si honorable, serait réduite à la famine. C'est vrai ce serait un acte inhumain et abominable, mais il serait encore beaucoup plus détestable que les grands princes de l'Église eux-mêmes, vraies lumières du monde, soient ramenés à la besace et au bâton.

En réalité ce qu'il y a de pénible ils le laissent à Pierre et à Paul, qui ont bien du loisir de reste. Mais tout ce qu'il y a de lustre et de volupté ils se le réservent. Ainsi c'est bien grâce à moi qu'il n'y a pas de catégories d'hommes, ou presque, qui vive plus mollement et avec moins de souci, car ils estiment avoir largement satisfait le Christ s'ils jouent leur rôle d'évêques avec leurs ornements pour mystère et presque de théâtre, avec des cérémonies, des titres de Béatitude, de Révérence, de Sainteté, des bénédictions et des malédictions. Faire des miracles est suranné, désuet, ce n'est plus du tout de notre époque; instruire le peuple est fatigant; expliquer les Saintes Écritures c'est l'affaire de l'école; prier c'est oiseux; verser des larmes, lamentable et bon pour les femmes; être pauvre, sordide, être vaincu, honteux et indigne de celui qui accepte à peine que les plus grands rois baisent ses pieds bienheureux; enfin mourir est déplaisant; être mis en croix, infamant.

Seules leur restent les armes et les douces bénédictions dont parle Paul et dont ils sont vraiment prodigues: les interdits, les suspensions, les aggravations, les rédaggravations, les anathèmes, les peintures vengeresses et cette foudre terrifiante qui vous envoie d'un seul geste les âmes des mortels au-dessous du Tartare. Mais cette foudre les Très Saints Pères dans le Christ et vicaires du Christ ne la lancent jamais plus énergiquement que contre ceux qui, à l'instigation du diable, tentent d'amoindrir et de rogner le patrimoine de saint Pierre. Bien qu'il y ait dans l'Évangile cette parole de lui: «Nous avons tout quitté et nous t'avons suivi», ce qu'ils appellent pourtant son patrimoine ce sont des terres, des villes, des impôts, des péages, des empires. Tandis qu'enflammés de l'amour du Christ ils combattent

pour tout cela par le fer et par le feu, non sans
grande effusion de sang chrétien, c'est alors
seulement qu'ils croient défendre apostolique-
ment l'Église, épouse du Christ, en écrasant
vaillamment ceux qu'ils appellent ses ennemis.
Comme si l'Église n'avait pas de plus pernicieux ennemis que les Pontifes impies, qui par
leur silence laissent le Christ dans l'oubli,
l'enchaînent dans des lois vénales, le dénatu-
rent par des exégèses dévoyées et l'assassinent
par leur vie pestilentielle.

Enfin puisque l'Église chrétienne a été
fondée par le sang, confirmée par le sang,
accrue par le sang, maintenant ils combattent
par le fer, comme si le Christ n'était plus, lui
qui défend les siens à sa manière propre. Alors
que la guerre est chose si sauvage qu'elle
convient aux fauves et non aux hommes; si
insensée que même les poètes la représentent
envoyée par les Furies; si pestilentielle qu'elle
entraîne avec elle la corruption générale des
mœurs; si injuste que ce sont d'ordinaire les
pires bandits qui la font le mieux, si impie
qu'elle n'a rien à voir avec le Christ, eh bien
ils négligent tout le reste pour s'y consacrer
entièrement. On y voit même des vieillards
décrépis manifester d'une force d'âme juvénile,

ne pas être offensés par les dépenses, ni lassés par les fatigues, ni effrayés de mettre sens dessus dessous les lois, la religion, la paix, l'humanité tout entière. Et les savants flatteurs ne manquent pas pour appeler cette folie manifeste, zèle, piété, courage, et pour imaginer une voie qui puisse permettre de dégainer une épée meurtrière et de la plonger dans les entrailles de son frère, tout en restant malgré tout dans cette charité parfaite que suivant le précepte du Christ un chrétien doit à son prochain.

LX

Quant à moi je ne sais pas encore si certains évêques allemands ont donné l'exemple en la matière ou s'ils l'ont trouvé là, eux qui bien plus franchement renoncent à leur habit, aux bénédictions et autres cérémonies de ce genre, pour vivre carrément en satrapes et penser qu'il est lâche et peu digne d'un évêque de rendre à Dieu son âme vaillante ailleurs que sur un champ de bataille.

Le commun des prêtres estimerait impie de ne pas égaler la sainteté de leurs prélats, et il fait beau les voir combattre en vrais soldats avec des épées, des javelots, des pierres, toutes sortes d'armes, pour le bon droit de leurs dîmes; quels bons yeux pour tirer de vieux manuscrits de quoi terrifier le menu peuple et le convaincre qu'ils ont droit à plus qu'à la dîme. Mais en attendant il ne leur vient pas à l'esprit qu'on peut lire partout beaucoup de choses sur les devoirs qu'eux-mêmes doivent rendre au peuple en échange. Et leur tonsure ne leur rappelle pas, ce serait pourtant bien le moins, que le prêtre doit être affranchi de tous les désirs de ce monde et ne songer qu'aux choses célestes. Mais ces doux personnages

prétendent avoir rempli parfaitement leur
devoir s'ils ont marmonné bon gré mal gré
leurs petites prières à eux; et, par Hercule, je
serais curieuse de savoir si un dieu les entend
ou les comprend, alors qu'eux-mêmes les
entendent et les comprennent à peine, quand ils
les récitent à haute voix.

Mais il est vrai que les prêtres ont ceci de
commun avec les laïcs c'est qu'ils veillent tous
à leur moisson de profits et que là personne
n'ignore les lois. Quant au reste, s'il y a quelque fardeau ils le rejettent prudemment sur les
épaules des autres et se le renvoient de la main
à la main comme une balle. Puisque les princes
laïcs eux aussi se déchargent de la responsabi-
lité d'administrer le royaume sur des commis,
le commis de même la transmet à un commis,
laissant tout le soin de la piété au peuple, par
modestie. Le peuple le rejette sur ceux qu'il
nomme des gens d'Église, comme si lui-même
n'avait absolument aucun rapport avec l'Église,
comme si les vœux du baptême avaient été
absolument sans effet. A leur tour, les prêtres
qui se disent séculiers, comme s'ils avaient été
voués au siècle et non au Christ, repassent la
charge aux réguliers, les réguliers aux moines,
les moines relâchés à ceux de stricte obédien-

ce, tous ensemble aux mendiants, les mendiants aux chartreux, les seuls chez qui la piété se cache, enterrée, et se cache si bien qu'on peut à peine l'apercevoir parfois. De même les pontifes, si empressés pour moissonner l'argent, repassent les charges trop apostoliques aux évêques, les évêques aux curés, les curés aux vicaires, les vicaires aux frères mendiants. Ceux-ci à leur tour les repassent à ceux qui tondent la laine des brebis.

Mais il n'est pas dans mon sujet de passer au crible la vie des pontifes et des prêtres, car je ne veux pas avoir l'air de composer une satire au lieu de prononcer un éloge, ni qu'on croit que je critique les bons princes tandis que je loue les mauvais. Si j'ai abordé ces quelques points c'est pour montrer clairement qu'aucun mortel ne peut vivre heureux s'il n'est pas un initié de mon culte et assuré de ma faveur.

LXI

Comment en effet le pourrait-il puisque la déesse de Rhamnunte elle-même, qui règle le sort des affaires humaines, est tellement d'accord avec moi qu'elle a toujours été l'ennemi juré de ces pauvres sages alors qu'aux fous elle a dispensé tous les biens, même pendant leur sommeil? Vous connaissez ce Thimothée qui tenait même de là son surnom et le proverbe «Ses filets pêchent pendant qu'il dort» et cet autre encore: «La chouette vole pour moi.» Au contraire ceux-ci se rapportent aux sages: «Ils sont nés au quatrième jour de la lune», «Il a le cheval de Seius» et «Il a l'or de Toulouse». Mais je cesse d'enfiler des proverbes, pour ne pas avoir l'air de piller les commentaires de mon ami Érasme.

Je reviens donc à mon sujet: la Fortune aime les gens peu réfléchis, elle aime les audacieux et ceux à qui plaît le proverbe «Les dés sont jetés.» Mais la sagesse rend quelque peu timide et c'est pourquoi vous voyez en général ces malheureux sages aux prises avec la pauvreté, avec la faim, avec la fumée, vivre oubliés, obscurs, détestés; et les fous regorger d'argent, tenir le gouvernail de l'État, bref être florissants de toutes les façons. En effet si on pense que le bonheur c'est de plaire aux princes, fréquenter ces dieux couverts de pierreries, mes familiers, quoi de plus inutile que la sagesse, et même de plus décrié chez ce genre d'hommes? S'il s'agit d'acquérir des richesses, quel gain peut bien réaliser un marchand si, suivant la sagesse, il se formalise d'un parjure; si, pris à mentir, il rougit, s'il fait le moindre cas des scrupules inquiets des sages, face au vol et à l'usure? Et si on vise aux honneurs et aux richesses ecclésiastiques, un âne ou un bœuf y arrivera plus vite qu'un sage. Si vous êtes mené par le plaisir, les filles, rôle principal de cette comédie, se donnent de tout cœur aux fous, mais ont horreur du sage et le fuient comme un scorpion. Enfin quiconque est disposé à vivre un peu gaiement et joyeusement, exclut avant tout le sage et accepte plutôt n'importe quel animal. Bref, de quelque côté qu'on se tourne, vers les pontifes, les princes, les juges, les magistrats, les amis, les ennemis, les grands, les petits, tout s'obtient contre argent comptant; or, comme le sage les méprise, ils prennent l'habitude de le fuir consciencieusement.

Mais, bien qu'il n'y ait ni mesure ni fin à mes louanges, il faut quand même que mon discours finisse un jour. Je m'arrêterai donc de parler, mais je vous montrerai d'abord en quelques mots qu'il ne manque pas de grands auteurs qui m'ont illustrée tant par leurs écrits que par leurs actes; je ne veux pas avoir l'air de ne plaire bêtement qu'à moi seule, et les chicaneurs m'accuseraient faussement de ne rien citer. Nous suivrons donc leur exemple, c'est-à-dire que je citerai *sans rapport avec le sujet*.

LXII

D'abord, tout le monde est persuadé par un proverbe très connu de ceci: «Quand une chose vous manque, mieux vaut faire semblant de l'avoir.» C'est pourquoi on a raison d'apprendre de bonne heure aux enfants ce vers: «Feindre la folie est le comble de la sagesse.» Devinez vous-même après cela quel immense bien est la folie, puisque même son ombre trompeuse et sa seule imitation méritent un tel éloge des savants! Beaucoup plus franchement encore ce gras et luisant porc du troupeau d'Épicure conseille de «mêler la folie à nos décisions» même s'il ajoute sans grande finesse «passagèrement». De même ailleurs: «Il est doux de déraisonner à propos». Ailleurs encore il préfère «passer pour extravagant et sans talent plutôt qu'être sage et d'enrager».

Chez Homère, Télémaque, que le poète loue sur tous les modes, est surtout appelé «fol enfant» et c'est la même épithète d'heureux augure que les Tragiques donnent volontiers aux enfants et aux adolescents. Au reste, que contient le poème sacré de l'*Iliade* sinon «les fureurs des rois et des peuples fous»? Et quel éloge plus parfait que celui de Cicéron: «Le monde est plein de fous.» Car qui ignore que plus un bien est répandu, plus il a de prix?

LXIII

Pourtant l'autorité de ces textes a sans doute peu de poids auprès des chrétiens. Donc, si vous le voulez bien, nous utiliserons le témoignage des textes sacrés pour appuyer ou, comme font les doctes, pour bâtir mon éloge, après avoir demandé en premier lieu aux théologiens qu'ils veuillent bien nous le permettre. Ensuite, comme nous entreprenons une chose ardue et qu'il serait peut-être de mauvais aloi de faire venir encore une fois les Muses de l'Hélicon pour un aussi long voyage, surtout dans une affaire qui leur est assez étrangère, il vaudra peut-être mieux demander, pendant que je fais le théologien et que je m'avance parmi ces épines, que l'esprit de Scot, plus épineux qu'un porc-épic ou qu'un hérisson, quitte un moment sa chère Sorbonne et vienne en moi, avant de s'en retourner bientôt où il voudra, même chez les corbeaux. Si seulement je pouvais aussi prendre un autre visage et me parer de l'habit théologique! Mais pour le moment je crains qu'on ne m'accuse de vol et d'avoir pillé secrètement les dossiers de nos maîtres si j'ai une telle science théologique! Pourtant cela ne devrait pas paraître étonnant qu'ayant eu avec les théologiens des rapports si longs et si étroits j'ai attrapé d'eux quelques bribes, puisque Priape, le dieu en bois de figuier, avait lui aussi noté et retenu quelques mots grecs que lisait son maître et que le coq de Lucien, à force de vivre avec les hommes, avait appris parfaitement le langage humain.

Et maintenant au fait, sous d'heureux auspices! L'Ecclésiastique écrit au chapitre premier: «Le nombre de fous est infini.» Lorsqu'il parle de «nombre infini» ne dirait-on pas qu'il embrasse l'ensemble des mortels à de très rares exceptions près que personne peut-être n'a eu la chance de voir? Mais Jérémie le reconnaît plus sincèrement au chapitre X: «Tout homme, dit-il, est devenu fou par sa propre sagesse.» A Dieu seul il attribue la sagesse, laissant la folie à tous les hommes. Et déjà un peu plus haut: «Que l'homme ne se glorifie pas de sa sagesse.» Pourquoi ne veux-tu pas que l'homme se glorifie de sa sagesse, cher Jérémie? Sans doute, dira-t-il, parce qu'il n'a pas de sagesse. Mais je reviens à l'Ecclésiastique. Quand il s'exclame: «Vanité des vanités, tout est vanité», croyez-vous qu'il ait eu dans l'esprit autre chose que, comme nous l'avons dit: la vie humaine n'est qu'un jeu de

la Folie? Certainement, c'est un caillou blanc
ajouté à l'éloge cicéronien cité plus haut dont
le mot est à bon droit resté célèbre: «Le monde
est plein de fous.» Le sage Ecclésiastique qui
a dit encore: «Le fou change comme la lune, le
sage est immuable comme le soleil», que veut-
il dire sinon que tout le genre humain est fou
et qu'à Dieu seul convient le nom de sage?
Car si on interprète la lune comme étant la
nature humaine, le soleil, source de toute
lumière, est Dieu. Confirme cela que le Christ
lui-même dans l'Évangile veut que nul ne soit
appelé bon si ce n'est Dieu seul. Or, si celui
qui n'est pas sage est fou, et si celui qui est
bon est en même temps sage, comme le veulent les stoïciens, il est assurément nécessaire
que la folie embrasse tous les mortels. Voyez
encore Salomon, chapitre XV: «La folie, dit-il,
fait la joie du fou», il va sans dire qu'il reconnaît ouvertement que sans la folie il n'y a rien
d'agréable dans la vie. A la même idée se
rapporte également ceci: «Qui ajoute à la
science ajoute à la douleur et beaucoup d'intelligence, beaucoup d'indignation.» N'est-ce pas
la même chose qu'avoue manifestement notre
éminent prédicateur au chapitre VII: «Le cœur
des sages habite avec la tristesse, celui des

fous avec la joie»? Aussi ne lui a-t-il pas suffi
d'apprendre à fond la sagesse, il a voulu aussi
faire connaissance avec moi. Et si vous n'avez
pas encore assez confiance en moi, écoutez ses
propres paroles, au chapitre I: «J'ai voué mon
cœur à connaître la prudence et le savoir, les
erreurs et la folie.» Ici il faut remarquer que
c'est pour faire honneur à la folie, qu'il la
nomme en dernier lieu. L'Ecclésiaste l'a écrit,
et vous savez que c'est l'ordre ecclésiastique:
le premier en dignité occupe la dernière place,
ce qui est du reste conforme au précepte évangélique.

Que la folie l'emporte sur la sagesse, le
fameux Ecclésiastique aussi quel qu'il ait été,
l'atteste clairement au chapitre XLIV; mais par
Hercule, je ne citerai pas ses paroles avant que
vous n'ayez aidé mon *induction* par une réponse appropriée comme font dans Platon ceux
qui disputent avec Socrate. Que vaut-il mieux
cacher: ce qui est rare et précieux, ou ce qui
est commun et sans valeur? Pourquoi vous
taisez-vous? Même si vous dissimulez, le proverbe grec répond pour vous: *La cruche à la
porte;* que personne ne soit assez impie pour le
rejeter, c'est Aristote qui le rapporte, le dieu de
vos maîtres. L'un de vous serait-il assez fou
pour laisser des pierres précieuses et de l'or
dans la rue? Par Hercule, je ne le pense pas.
Vous les déposez au plus profond de la maison, et ce n'est pas assez, dans les coins les
plus secrets des cassettes les mieux protégées;
et c'est l'ordure que vous laissez à la vue de
tout le monde. Donc, si on cache ce qui est le
plus précieux et qu'on expose ce qui est vil,
n'est-il pas évident que la sagesse que l'ecclésiastique interdit de dissimuler est plus vile que
la folie qu'il recommande de dissimuler?
Écoutez maintenant les termes de son témoi-

gnage: «Meilleur est l'homme qui cache sa folie que l'homme qui cache sa sagesse.»

De plus, les Lettres divines reconnaissent aussi au fou la candeur d'âme, tandis que le sage pense que personne ne lui est semblable. C'est ainsi que je comprends ce qu'écrit l'Ecclésiaste au chapitre X: «Mais le fou qui se promène sur le chemin, bien qu'il soit insensé lui-même, estime que tous les hommes sont fous.» N'est-ce pas d'une candeur rare de faire de tous ses égaux et, quand chacun a de lui-même l'opinion la plus flatteuse, de partager pourtant avec tous ses propres mérites? C'est pourquoi un grand roi n'a pas rougi de ce titre, lorsqu'il dit au chapitre XXX: «Je suis le plus fou des hommes.» Et Paul, le savant docteur des Gentils, écrivant aux Corinthiens se reconnaît bien volontiers le titre de fou: «Je parle en fou, dit-il, plus que personne», comme si c'était indigne d'être surpassé en folie.

Mais j'entends les protestations de certains petits grécisants, qui veulent crever les yeux de tant de théologiens de notre époque, comme si c'étaient des corneilles, en répandant sur les autres leurs commentaires comme de la poudre aux yeux (dans ce troupeau le second, sinon le premier, est mon ami Érasme que je nomme souvent pour lui faire honneur). «Citation vraiment folle, clament-ils, et digne de Moria en personne. La pensée de l'Apôtre est bien loin de ce que tu rêves!» En effet, par ces mots, il ne cherche pas à passer pour plus fou que les autres, mais après avoir dit: «Ils sont ministres du Christ, et moi aussi» et s'être, comme par vantardise, égalé aux autres aussi sur ce point, il ajoute pour se corriger: «Moi plus que personne», car il se sait non seulement égal aux autres apôtres dans le ministère de l'Évangile, mais même quelque peu supérieur. Comme il veut faire entendre cette vérité, sans pourtant blesser les oreilles par une parole trop orgueilleuse, il se retranche derrière l'excuse de la folie: «Je parle en insensé», parce qu'il sait que c'est le privilège des fous de proclamer seuls la vérité sans offenser.

Quel était le sentiment de Paul quand il écrivait ces mots, je les laisse en disputer. Quant à moi, je m'en rapporte à ces grands théologiens, gros et gras, communément les plus estimés, avec lesquels la majorité des docteurs préférerait, *par Zeus,* se tromper plutôt que de penser juste avec ces gens des trois langues. D'ailleurs aucun d'eux ne fait plus de cas des petits grécisants que des geais, surtout quand un théologien glorieux (dont je tais le nom par prudence pour que nos geais ne lui lancent aussitôt le brocard grec de «l'âne devant la lyre») qui commente magistralement et théologiquement ce passage, à partir de cette phrase «Je parle en fou, plus que personne», rédige un nouveau chapitre et (ce qu'il n'aurait pas pu faire sans une dialectique consommée) ajoute une coupure nouvelle, en interprétant de cette façon; je cite ses propres paroles, non seulement en substance mais aussi textuellement: «Je parle en fou, c'est-à-dire, si je vous parais fou en m'égalant aux faux apôtres, je vous paraîtrai encore moins sage en me préférant à eux.» Mais peu après, comme s'il oubliait son sujet, notre docteur passe à autre chose.

LXIV

Mais pourquoi m'attacher anxieusement à un seul exemple? Puisque c'est le droit public des théologiens d'étirer le ciel, c'est-à-dire la Divine Écriture, comme une peau; puisqu'il y a chez saint Paul des paroles qui contredisent la Divine Écriture mais ne la contredisent pas dans leur contexte originel, s'il faut en croire le grand Jérôme *aux cinq langues,* puisqu'à Athènes ayant aperçu par hasard l'inscription d'un autel il la modifia à l'avantage d'un argument pour la foi chrétienne et, laissant de côté les autres mots qui auraient gêné sa cause, il n'en garda que les deux derniers: «Au dieu inconnu», en les modifiant aussi quelque peu, car l'inscription complète portait: «Aux dieux d'Asie, d'Europe et d'Afrique, aux dieux inconnus et étrangers.» C'est, je pense, à cet exemple que partout aujourd'hui les *fils des théologiens* détachent, ici ou là, quatre ou cinq petits mots et, si besoin est, les accommodent à leur dessein, même si ce qui précède ou ce qui suit n'a aucun rapport avec le sujet ou même va là contre. Et ils font cela avec une si heureuse impudence que souvent les jurisconsultes sont jaloux des théologiens. Qu'est-ce qui pourrait ne pas leur réussir depuis que le fameux... (pour un peu je lâchais son nom, mais une fois de plus j'ai peur du proverbe grec) a tiré des paroles de Luc un sens aussi conforme à l'esprit du Christ que l'eau au feu. En effet, quand menaçait le danger suprême, au moment où les clients fidèles se resserrent autour de leur patron et *combattent à ses côtés* de toutes leurs forces, le Christ, voulant ôter de l'esprit des siens toute confiance dans ce genre de défense, leur demanda s'ils avaient jamais manqué de quelque chose depuis qu'il les avait envoyés en mission à ce point démunis de viatique qu'il ne leur donnait ni chaussures contre la blessure des épines et des cailloux, ni besace contre la faim. Quand ils lui eurent déclaré qu'ils n'avaient manqué de rien, il ajouta: «Mais maintenant que celui qui a une bourse la dépose, de même pour une besace; et que celui qui n'a pas de glaive vende sa tunique pour en acheter un.» Comme toute la doctrine du Christ n'enseigne rien d'autre que douceur, tolérance, mépris de la vie, qui ne verrait ici le sens de sa pensée? Bien entendu, il veut désarmer ses envoyés de telle sorte que non seulement ils ne se soucient pas de chaussures et de besaces, mais qu'ils rejettent aussi la tunique et abordent leur mission évangélique nus et dépouillés de tout, munis non seulement d'un glaive, non pas ce glaive avec lequel attaquent les brigands et les parricides, mais le glaive de l'esprit qui pénètre dans les plus intimes replis de l'âme et retranche d'un seul coup toutes les passions pour qu'il n'y ait plus rien d'autre dans le cœur que la piété.

Mais voyez, je vous prie, de quelle façon notre illustre théologien torture cela. Il interprète le glaive comme une défense contre la persécution, la besace, comme une provision suffisante de vivres, comme si le Christ, ayant complètement changé sa pensée et jugeant qu'il avait mis en route ses envoyés en équipage trop peu *royal,* chantait la palinodie de ses instructions antérieures, comme s'il oubliait qu'il avait dit qu'il serait heureux quand ils subiraient les opprobres, les outrages et les supplices, leur défendant de résister au mal, car la béatitude est pour les doux, non pour les violents, comme si, oubliant qu'il les avait appelés à suivre l'exemple des passereaux et des lis, il ne voulait plus maintenant les laisser partir sans glaive au point qu'il leur ordonnait de vendre la tunique pour en acheter un et préférait les voir aller nus plutôt que sans glaive au côté. Et de même qu'il pense que le mot de glaive contient tout ce qui sert à repousser la force, ainsi sous le nom de besace il comprend tout ce qui sert aux besoins de la vie. Cet interprète de la pensée divine envoie ainsi les apôtres munis de lances, de balistes, de frondes et de bombardes prêcher le Crucifié. De même, il les charge de bourses, de valises et de bagages pour qu'ils ne puissent quitter l'auberge qu'à jeun. Ce grand homme n'est même pas ébranlé par le fait que cette épée que le Christ avait tellement recommandé d'acheter il va bientôt ordonner sur un ton de reproche qu'on la remette au fourreau, et on n'a jamais entendu dire que les apôtres se soient servis d'épées ou de boucliers contre la force des païens, ce qu'ils auraient fait sans aucun doute si le Christ avait pensé ce qu'on lui fait dire.

Il y en a un autre, et pas du dernier rang, que par égard je ne nomme pas, qui des tentes dont parle Habacuc («Les peaux du pays de Madian seront dans la confusion») a fait la peau de Barthélemy écorché. J'ai récemment assisté moi-même à une discussion théologique, comme je le fais souvent. Quelqu'un demanda quel texte des Saintes Écritures

ordonnait de vaincre par le bûcher les héréti-
ques plutôt que de les convaincre par la discussion; un vieillard sévère et, à en juger par son
front sourcilleux, théologien, répondit de fort
mauvaise humeur que cette loi venait de l'apôtre Paul, qui a dit: «Évite l'hérétique après une
ou deux réprimandes.» Et comme il répétait
ces paroles d'une voix tonitruante et que la
plupart se demandaient avec étonnement ce qui
lui arrivait, il finit par expliquer: «Tuez l'hérétique, et vite!» Certains se mirent à rire, mais
il n'en manqua pas pour trouver ce commentaire parfaitement théologique, et quelques-uns
protestaient encore lorsque survint un avocat
de Ténédos, comme on dit, d'une autorité
irréfragable. «Écoute bien, dit-il. Il est écrit: Tu
ne laisseras pas vivre le malfaisant, or tout
hérétique est malfaisant, donc, etc.» Tous les
assistants admirèrent l'intelligence de cet
homme et lui emboîtèrent le pas avec leurs
gros sabots pour l'approuver. Et il ne vint à
l'idée de personne que cette loi concerne les
devins, les enchanteurs et les magiciens, que
les Hébreux appellent en leur langage *mehas-
cefim,* malfaisants. Autrement il aurait fallu
punir de mort la fornication et l'ébriété!

LXV

Mais je suis bien folle de continuer, les exemples sont si nombreux qu'ils ne pourraient tous tenir dans les volumes de Chrysippe et de Didyme. Je voulais simplement, qu'avertis des libertés que prennent nos divins maîtres, vous m'accordiez à moi aussi *théologienne en bois de figuier* votre indulgence s'il m'arrive de ne pas toujours citer avec une parfaite exactitude.

Je reviens maintenant à Paul: «Vous supportez volontiers les fous» dit-il, parlant de lui-même. Et encore: «Acceptez-moi comme un fou» et «Je ne parle pas selon Dieu, mais comme en état de folie.» Encore ailleurs: «Nous sommes fous, dit-il, à cause du Christ.» Vous entendez: quel suprême garant, quel superbe panégyrique de la folie! Bien mieux, il recommande ouvertement la folie comme une chose absolument nécessaire et très favorable pour le salut: «Que celui d'entre vous qui se croit sage qu'il devienne fou pour être sage.» Et chez Luc Jésus appelle «fous» les deux disciples qu'il avait rencontrés sur la route. Je ne pense pas qu'il faille s'en étonner puisque le divin Paul attribue même à Dieu un grain de folie. «Ce qui est folie de Dieu, dit-il, est plus

sage que les hommes.» Il est vrai que l'exégète
Origène s'oppose à ce qu'on puisse rapporter
cette folie à l'intelligence humaine, comme ici:
«Le langage de la croix est folie pour ceux qui
périssent.»

Mais pourquoi me fatiguer inutilement à accumuler les témoignages puisque dans les psaumes sacrés le Christ lui-même dit ouvertement à son père: «Tu connais ma folie!»? Et ce n'est pas par hasard si les fous ont si fortement plu à Dieu; je pense que c'est à cause de ceci: de même que les grands princes considèrent comme des suspects et des ennemis les gens trop intelligents (comme Brutus et Cassius pour César, qui ne redoutait rien de l'ivrogne Antoine, Sénèque pour Néron, Platon pour Denys) et en revanche se plaisent avec les esprits un peu grossiers et simplets, de même le Christ déteste et condamne toujours ces *sages* qui s'appuient sur leur prudence. Paul en témoigne sans la moindre obscurité quand il dit: «Dieu a choisi ce qui pour le monde est folie» et quand il dit: «Il a plu à Dieu de sauver le monde par la folie», puisqu'il ne pouvait pas être restauré par la sagesse. Lui-même le montre assez quand il s'écrie par la bouche du prophète: «Je perdrai la sagesse des sages, et réprouverai la prudence des prudents.» A nouveau quand il rend grâce pour avoir caché aux sages le mystère du salut et l'avoir révélé aux tout-petits, c'est-à-dire aux fous. Car en grec pour «tout-petits» il y a

insensés qui s'oppose à *sages.* Ce qui s'accorde avec les passages de l'Évangile où il atta-
que les pharisiens, les scribes et les docteurs
de la loi, et où il protège attentivement la foule
ignorante. Car que signifie «Malheur à vous,
scribes et pharisiens», sinon: «Malheur à
vous, sages!»

Mais c'est avec les petits enfants, les
femmes et les pécheurs qu'il semble s'être plu
le mieux. Bien plus, parmi les animaux sans
raison le Christ a marqué sa préférence pour
ceux qui sont les plus éloignés de la prudence
du renard. Et il a choisi de monter un âne alors
qu'il aurait pu, s'il avait voulu, s'asseoir impunément sur le dos d'un lion. Et le Saint Esprit
est descendu sous la forme d'une colombe, non
d'un aigle ou d'un milan. Et puis dans les
Divines Lettres il est très souvent fait mention
de cerfs, de faons, d'agneaux. Ajoutez-y qu'il
appelle brebis les siens qui sont destinés à la
vie éternelle; or il n'y a pas plus sot que cet
animal selon le témoignage du proverbe aristotélicien, *têtes de brebis,* lequel nous rappelle
que cette expression, tirée de la stupidité de
cette bête, s'adresse comme une injure aux
gens stupides et bornés. Or, le Christ se dé-
clare le pasteur de ce troupeau; sans compter

qu'il aime lui-même être appelé agneau, car
c'est lui que Jean désigne: «Voici l'agneau de
Dieu», mention qui revient souvent aussi dans
l'Apocalypse.

Que proclament ces textes, sinon que tous
les mortels sont fous même ceux qui sont
pieux? Que le Christ lui aussi pour venir au
secours de la folie des mortels, alors qu'il était
la sagesse du Père, s'est pourtant fait en quelque sorte fou, puisqu'il a pris la nature humaine et s'est montré sous l'aspect d'un homme? De même qu'il s'est fait péché pour guérir
les péchés. Et il n'a pas voulu les guérir par
autre chose que la folie de la croix, par des
apôtres ignorants et grossiers auxquels il pres-
crit avec soin la folie, les détournant de la
sagesse, quand il leur propose en exemple les
enfants, les lis, le sénevé et les petits passereaux, tous des êtres stupides et dépourvus de
raison, guidés par la seule nature et qui vivent
sans artifice ni souci, quand en outre il leur
défend de s'inquiéter du discours qu'ils tien-
dront devant les tribunaux, qu'il leur interdit de
surveiller les temps ou les moments, pour
qu'ils ne se fient pas à leur prudence, mais
dépendent de toute leur âme de lui seul. C'est
encore pour cette raison que Dieu l'architecte

du monde interdit de goûter à l'arbre de la science, comme si la science était le poison du bonheur. D'ailleurs, Paul condamne ouvertement la science, comme pernicieuse et source d'orgueil. Et saint Bernard le suit, je pense, quand il voit dans la montagne sur laquelle Lucifer avait établi son siège la montagne de la science.

Il semble qu'il ne faudrait peut-être pas oublier l'argument selon lequel la folie a la faveur du ciel puisqu'à elle seule est accordé le pardon de ses fautes, tandis qu'au sage il n'est pas pardonné, c'est pour cela que ceux qui demandent pardon, même s'ils ont péché en connaissance de cause, utilisent le prétexte et le patronage de la folie. Car Aaron implore ainsi la grâce de sa sœur dans le livre des Nombres, si je me souviens bien: «Je t'en prie, Seigneur, ne nous impute pas ce péché que nous avons commis par folie.» Et c'est ainsi que Saül excuse sa faute auprès de David: «Il est clair, dit-il, que j'ai agi en fou.» A son tour, David lui-même cherche à amadouer ainsi le Seigneur: «Mais je te prie, Seigneur, d'ôter l'iniquité de ton serviteur par ce que j'ai agi en fou», comme s'il ne pouvait obtenir le pardon que s'il prétextait la folie et l'ignorance. Mais voici qui est beaucoup plus insistant: lorsque le Christ en croix, prie pour ses ennemis: «Père, pardonne-leur», il n'a pas avancé d'autre excuse que celle de l'inconscience: «parce que, dit-il, ils ne savent pas ce qu'ils font». De la même manière Paul écrit à Timothée: «Mais si j'ai obtenu la miséricorde de Dieu, c'est parce que j'ai agi par ignorance, dans mon incrédulité.» Que signifie «j'ai agi par ignorance» sinon: «j'ai agi par folie, non par malice»? Que signifie «si j'ai obtenu la miséricorde» sinon qu'il ne l'aurait pas obtenue s'il ne s'était pas recommandé de la protection de la folie? Pour nous plaide aussi le mystique auteur des Psaumes qui ne m'est pas venu à l'esprit au bon moment: «Ne te souviens plus des fautes de ma jeunesse et de mes ignorances.» Vous avez entendu les deux raisons qu'il avance, c'est-à-dire: l'âge, dont je suis toujours la compagne, et les ignorances, dont le nombre considérable nous fait comprendre le pouvoir immense de la folie.

LXVI

Pour ne pas poursuivre cette énumération sans fin disons en gros que la religion chrétienne semble avoir une parenté avec une certaine folie et fort peu de rapport avec la sagesse. Si vous souhaitez des preuves de ce fait remarquez d'abord que les enfants, les vieillards, les femmes et les sots aiment plus que les autres les cérémonies et les choses religieuses et sont donc toujours très près des autels, assurément sous la seule impulsion de la nature. En outre, vous voyez que les premiers fondateurs de la religion, merveilleusement attachés à la simplicité, ont été des ennemis acharnés des lettres. Enfin il semble qu'il n'y ait pas de bouffons plus extravagants que ceux que l'ardeur de la piété chrétienne a une bonne fois saisis tout entiers: ils prodiguent leurs biens, méprisent les injures, se laissent tromper, ne font aucune différence entre amis et ennemis, ont en horreur la volupté, se rassasient de jeûnes, de veilles, de larmes, de peines, d'humiliations, ils n'ont pas le goût de vivre, ne désirent que la mort, bref, ils paraissent parfaitement insensibles à tout sens commun, comme si leur esprit vivait ailleurs

que dans leur corps. Est-ce donc là autre chose
que délirer? On doit donc moins s'étonner si
les apôtres ont semblé ivres de vin doux, si
Paul a semblé fou au juge Festus.

Mais maintenant que j'ai revêtu une bonne
fois *la peau du lion,* eh bien, je vais vous
démontrer ceci: le bonheur des chrétiens, qu'ils
recherchent au prix de tant d'épreuves, n'est
rien d'autre qu'une espèce de démence et de
folie; n'ayez pas peur des mots, examinez
plutôt la chose. Tout d'abord il y a un point
sur lequel les chrétiens sont sensiblement
d'accord avec les platoniciens, c'est que l'âme
est plongée et enchaînée dans les liens du
corps dont l'épaisseur l'empêche de pouvoir
contempler les choses telles qu'elles sont et
d'en jouir. Ainsi Platon définit-il la philosophie
comme une méditation de la mort, car elle
détache l'âme des choses visibles et corporelles, ce que la mort fait aussi de toute façon.
C'est pourquoi tant que l'âme utilise normalement les organes du corps on la dit saine; mais
quand, rompant ses liens, elle tente d'assurer
sa liberté, comme si elle méditait de fuir cette
prison, alors on la dit folle. Si d'aventure cela
arrive du fait de la maladie ou d'une altération
des organes, tout le monde en est bien d'ac-

cord: c'est de la folie. Pourtant nous voyons aussi ce genre d'hommes prédire l'avenir, connaître des langues et des textes qu'ils n'avaient jamais appris auparavant et manifester en eux quelque chose de vraiment divin. Il n'est pas douteux que cela vient du fait que l'esprit, un peu libéré du contact du corps, commence à manifester sa vigueur native. C'est, je crois, pour la même raison qu'un phénomène semblable se retrouve chez les agonisants aux approches de la mort: comme des inspirés, ils se mettent à dire des choses prodigieuses. Mais si cela s'est produit par une exaltation de la piété, c'est un genre de folie qui n'est peut-être pas identique mais cependant si voisin que la majorité des hommes la jugent pure folie, surtout qu'ils sont très peu, les pauvres hommes qui se distinguent de la foule des mortels par leur façon de vivre. C'est pourquoi il leur arrive ce qui arrive, je crois, dans le mythe platonicien: les prisonniers de la caverne voient les ombres des choses, mais l'évadé, revenu dans l'antre, prétend qu'il a vu les choses elles-mêmes, et qu'ils se trompent complètement ceux qui croient qu'il n'existe rien en dehors des ombres misérables. En effet, ce sage plaint et déplore la folie de ceux qui sont tenus dans une si grande erreur; eux, à leur tour, se moquent de lui comme s'il délirait et le chassent. Même le commun des hommes admire le plus les choses les plus corporelles, et il pense qu'elles sont à peu près les seules à exister. Au contraire, les hommes pieux négligent le plus ce qui touche de plus près au corps et sont totalement ravis par la contemplation des choses invisibles. Ceux-là accordent la première place aux richesses, la seconde aux aises du corps et laissent la dernière à l'âme à laquelle cependant la plupart ne croient même pas, parce que les yeux ne la perçoivent pas. A l'inverse, les autres tendent tous leurs efforts vers Dieu lui-même, le plus simple de tous les êtres; en second lieu vers ce qui est le plus proche de lui, c'est-à-dire l'âme; ils négligent les soins du corps, méprisent et fuient les richesses comme l'ordure. Ou s'ils sont obligés de s'occuper de ce genre de choses, ils le font à contre-cœur et avec dégoût, ils ont sans avoir, ils possèdent sans posséder.

Encore y a-t-il aussi entre eux, dans chaque cas, des degrés et des différences. Pour commencer, les sens, qui bien que tous apparentés au corps sont pour certains d'entre eux plus grossiers. comme le toucher, l'ouïe, l'odorat, le goût; pour d'autres plus éloignés du corps, comme la mémoire, l'intelligence, la volonté. Donc là où l'âme s'exerce, là elle est puissante. Les hommes pieux se tendent de toute la force de leur âme vers ce qui est plus étranger aux sens grossiers, dans lesquels ils s'émoussent et s'engourdissent. Au contraire, le vulgaire a sa plus grande force en eux, et la plus faible sur le reste. De là vient ce que nous avons entendu dire qu'il est arrivé à de saints personnages de boire de l'huile au lieu du vin.

En outre, parmi les passions de l'âme, certaines ont un rapport plus étroit avec le corps grossier, comme le désir sexuel, l'appétit de boire et de dormir, la colère, l'orgueil, l'envie; contre elles les hommes pieux mènent une guerre sans merci; tandis que le vulgaire ne pense pas qu'il y ait de vie sans elles. Ensuite on trouve des passions intermédiaires et comme naturelles, telles que l'amour de la patrie, l'affection pour les enfants, pour les parents, pour les amis. Le vulgaire leur fait une place. Mais les autres s'efforcent de les arracher elles aussi de leur cœur, à moins qu'elles ne s'élèvent jusqu'à la partie supérieure de l'âme, de telle façon qu'ils aiment alors leur père non pas en tant que père (car qu'a-t-il

engendré, sinon le corps? Et encore cela même
est dû à Dieu le Père), mais en tant qu'homme
de bien, en qui brille l'image de cette intelligence suprême que seule ils appellent le souverain bien et hors duquel ils proclament qu'il
n'y a rien qui doive être aime ni désiré.

C'est sur cette règle qu'ils mesurent tous
les devoirs de la vie: si partout ce qui est
visible ne doit pas être totalement méprisé, il
faut du moins le considérer comme très infé-
rieur à ce qui ne peut être vu. Ils disent en
effet que même dans les sacrements et les
exercices de piété on retrouve le corps et
l'esprit. Par exemple dans le jeûne ils attribuent peu de mérite à la seule abstinence de la
viande et d'un repas (ce que le vulgaire pense
être tout le jeûne), si en même temps on ne
retranche pas aussi quelque chose aux passions,
de façon à laisser moins de champ que d'ordinaire à la colère ou à l'orgueil pour que l'esprit ainsi chargé par la masse du corps, s'élan-
ce vers les biens célestes pour les goûter et en
jouir. Il en est de même pour la messe; ce qui
a trait aux cérémonies n'est sans doute pas à
dédaigner, disent-ils, mais est par lui-même
peu utile ou même pernicieux, si l'on n'y
ajoute pas ce qui est spirituel, c'est-à-dire ce

qui est représenté par ces signes visibles. Or ce qui est représenté c'est la mort du Christ, que les mortels doivent reproduire en eux en domptant, éteignant et comme ensevelissant les passions du corps, afin qu'ils renaissent à une vie nouvelle et puissent devenir un avec lui et un aussi entre eux. Voilà ce que fait l'homme pieux, voilà ce qu'il pense. Au contraire, le vulgaire croit que le sacrifice consiste seulement à être devant l'autel, le plus près possible, à écouter le tumulte des voix et assister à d'autres petites cérémonies de ce genre.

Ce n'est pas seulement dans les cas que j'ai proposés uniquement pour exemple, c'est tout bonnement dans la vie entière que l'homme pieux s'écarte de toutes les choses qui touchent au corps et qu'il est ravi vers les éternelles, les invisibles, les spirituelles. Par conséquent, comme il y a un désaccord absolu entre les uns et les autres sur toutes choses, chaque groupe passe pour fou aux yeux de l'autre. Mais ce mot convient mieux aux hommes pieux qu'au vulgaire, à mon avis du moins.

LXVII

Cela vous paraîtra plus évident si, comme je l'ai promis, je démontre en peu de mots que cette suprême récompense n'est rien d'autre qu'une sorte de folie.

D'abord, considérez donc que Platon a rêvé quelque chose de semblable quand il écrit que le délire des amants est de tous le plus heureux. Car celui qui aime avec ardeur ne vit plus en lui-même, mais dans ce qu'il aime et plus il s'éloigne de lui-même pour se retirer dans l'autre plus il est heureux. Et lorsque l'âme médite de s'en aller du corps et ne se sert plus normalement de ses organes, on dit sans aucun doute avec justesse que c'est de l'égarement. Autrement que signifient ces expressions que tout le monde emploie: «Il est hors de lui» et «Reviens à toi», et «Il est revenu à lui-même»? Plus l'amour est parfait plus grand est l'égarement, et plus heureux. Quelle sera donc cette vie du ciel après laquelle les âmes pieuses soupirent avec tant d'ardeur? Évidemment l'esprit absorbera le corps parce qu'il est victorieux et plus fort. Et il le fera d'autant plus facilement que pendant la vie déjà il a purifié et épuisé le corps en vue

d'une transformation de ce genre. Ensuite,
l'esprit sera merveilleusement absorbé par
l'Intelligence suprême, qui lui est infiniment
supérieure. Ainsi l'homme sera tout entier hors
de lui-même, et son bonheur n'aura pas d'autre
raison que d'être détaché de soi et recevoir
quelque chose d'ineffable de ce souverain Bien
qui ravit tout en lui. Il est vrai que ce bonheur
ne pourra être parfait que lorsque les âmes
ayant repris leurs anciens corps recevront
l'immortalité; mais puisque pour les hommes
pieux la vie n'est rien d'autre qu'une méditation de cette vie-là et comme son ombre, il
arrive qu'ils sentent aussi parfois un avant-goût
ou quelque parfum de la récompense. Bien que
ce ne soit qu'une gouttelette minuscule auprès
de la source de cet éternel bonheur elle surpasse pourtant de loin toutes les voluptés du
corps, quand même toutes les délices de tous
les mortels seraient confondues en un seul.
Tout le spirituel l'emporte sur le corporel et
l'invisible sur le visible. C'est bien ce que
promet le Prophète: «L'œil n'a pas vu, l'oreille
n'a pas entendu, et le cœur de l'homme n'a
pas imaginé ce que Dieu a préparé à ceux qui
l'aiment.» Et c'est la part de Moria que le
changement de vie ne détruit pas mais para-

chève. Donc ceux à qui il a été donné de ressentir cela (mais cela arrive à très peu) éprouvent quelque chose de très semblable à la folie; ils tiennent des propos qui ne sont pas cohérents et n'ont rien d'humain; ils émettent des sons vides de sens, puis souvent changent complètement l'expression de leur visage. Tantôt gais, tantôt abattus, ils pleurent, rient, soupirent, bref, ils sont vraiment tout entiers hors d'eux-mêmes. Bientôt, quand ils seront revenus à eux, ils déclarent qu'ils ne savent pas où ils étaient dans leur corps ou hors de leur corps, éveillés ou endormis; ce qu'ils ont entendu, ce qu'ils ont vu, ce qu'ils ont dit, ce qu'ils ont fait, ils ne s'en souviennent qu'à travers un nuage ou un songe, ils savent seulement qu'ils étaient parfaitement heureux pendant qu'ils déliraient ainsi. Et ce n'est pourtant là qu'un maigre avant-goût du bonheur futur.

LXVIII

Mais depuis longtemps je m'oublie et *j'ai dépassé les bornes.* Eh bien si vous trouvez que j'ai parlé avec trop de pétulance ou de loquacité, songez que c'est la Folie et une femme qui a parlé. Mais souvenez-vous cependant du proverbe grec: *Souvent même un fou parle à propos,* à moins que vous ne pensiez que cela ne s'applique pas aux femmes?

Je vois que vous attendez un épilogue, mais vous avez vraiment perdu l'esprit si vous croyez que je me souviens encore de ce que j'ai dit, alors que j'ai déversé un tel fatras de paroles. Voici un dicton antique: *Je hais le convive qui a de la mémoire;* en voici un nouveau: *Je hais l'auditeur qui a de la mémoire.* Eh bien, portez-vous bien, applaudissez, vivez, buvez, très illustres initiés de Moria.

FIN

TABLE DES MATIÈRES

Dans la même collection (suite):

Imprimé en Suisse